大 人 物

12 位 伟 大 的 艺 术 家

[美] 阿尔伯特·哈伯德（Elbert Hubbard） 著　殷俊洁 徐多依 译

全国百佳出版社
中央编译出版社
Central Compilation & Translation Press

目 录
CONTENTS

1 拉斐尔   1
RAPHAEL
意大利杰出画家，与达·芬奇、米开朗基罗并称"文艺复兴三杰"，也是三杰中最年轻的一位，代表作《雅典学院》。

2 莱昂纳多·达·芬奇   21
LEONARDO DA VINCI
欧洲文艺复兴时期最杰出的代表人物之一，"第一流的学者"，"旷世奇才"，代表作《蒙娜丽莎》。

3 波提切利   39
BOTTICELLI
欧洲文艺复兴早期佛罗伦萨画派艺术家，"意大利肖像画先驱"，代表作《诽谤》。

4 托尔瓦森   63
THORWALDSEN
丹麦19世纪著名新古典主义雕塑家，代表作《亚历山大攻陷巴比伦》。

5 庚斯博罗 87
GAINSBOROUGH

英国著名的肖像画家和风景画家，代表作《蓝衣少年》、《安德鲁斯夫妇》。

6 委拉斯贵兹 105
VELASQUEZ

葡裔西班牙著名画家，美术史上最优秀的肖像画家之一，代表作《维纳斯对镜梳妆》、《教宗英诺森十世》。

7 柯罗 133
COROT

法国 19 世纪中期最出色的风景画家，其创作手法对后来的印象主义有一定影响，代表作《珍珠女郎》、《蒙特枫丹的回忆》。

8 柯勒乔 163
CORREGGIO

16 世纪早期创新派画家，意大利文艺复兴时期最伟大的画家之一，代表作《达那厄》、《美德寓言》。

9 贝利尼   **185**
BELLINI

    意大利 15 世纪威尼斯画派最卓越的画家,"与达·芬奇并驾齐驱",代表作《裸女照镜》。

10 切利尼   **207**
CELLINI

    英意大利文艺复兴后期著名的雕塑家、珠宝工艺师、美术理论家及卓越的作家,风格主义雕塑中装饰派的代表人物,代表作《珀尔修斯青铜雕像》。

11 阿比   **233**
ABBEY

    美国著名插画家、艺术家,其画作在波士顿公立图书馆装点了超过一千平方英尺的空间。

12 惠斯勒   **251**
WHISTLER

    美国著名画家,"荣誉军团骑士",代表作《在钢琴旁》、《白衣女子》。

RAPHAEL

拉斐尔

在所有创造性活动中,他一直坚持唯一自我限定的美。因此,虽然他的生命很短暂,但他的作品是不朽的。他在不停地进步:他是真实、美丽而纯粹的,比其他肤浅和造作的艺术家更自由。他创作了大量的画作,鼓舞了所有种族和所有年龄段的人。艺术学院的每一位艺术家都对他所创造的不朽的美致以崇高的敬意。

——威廉·吕本克

"拉斐尔前派"一词可追溯到光荣的威廉·莫里斯。威廉·莫里斯并不确定这个词真正的含义,虽然他曾经表示希望有一天自己会成名,正如数千勤勉的作家希望努力达成的那样。

七个人和威廉·莫里斯一起发起了这个称呼,他们组成了一个号称"拉斐尔前派兄弟会"的组织。

对于每一个孤独疲倦的大地之子来说,"兄弟会"一词具有特殊的诱惑力和承诺感。伯纳·琼斯恳请在"兄弟会"前加上"拉斐尔前派"这几个字,因为这样它就更像是神圣的文书,它给予每个人深入了解书中内容的机会。

我非常确定在拉斐尔前派兄弟会里不缺乏对拉斐尔的欣赏。事实上,有直接证据表明,伯纳·琼斯和马多克斯·布朗有足够的资金研究拉斐尔,他们理智地爱着他,写下了有关他的、令人印象深刻的论文。拉斐尔前派兄弟会,像所有其他的自由组织一样,都很偏执。党派偏见公然基于

➢ 威廉·莫里斯肖像

→ 拉斐尔肖像

无偏见上，基于生活和艺术从拉斐尔之后开始沦落的假定。艺术领域和文学领域一样，对名声过度看重——所以拉斐尔前派被认为是在波提切利的旗帜下发展起来的。

拉斐尔标志了一个新纪元的开始。他所取得的成就无人能及。他用自己卓绝的才能，创造了世界之美。事实上，拉斐尔前派的艺术源于拉斐尔，他尝试着让另一种艺术复兴。拉斐尔的作品反映出万物的精髓——他将人类的存在形式和整个自然界作为精神的符号。这正是伯纳·琼斯所做的，也是整个兄弟会试图做到的。拉斐尔和伯纳·琼斯的想法看起来是一致的。他们拥有同样的气质、性情和志向。詹姆斯先生曾用充满诗性和热情的语言表达出伯纳·琼斯是拉斐尔的化身，他的思想中具备萌芽的真理。在拉斐尔所画的圣母像中能看到，她具有与伯纳·琼斯理想中的女性一样的崇高的理想。这两个男人爱着同一个女人——他们都一遍又一遍地画她。这个女人是否真实存在、是否只是臆想的产物无关紧要——他们都画她，好像他们真的看见了她一样，她温柔、文雅、值得信任。

当嫉妒的竞争者控诉拉斐尔疏忽了他的宗教责任时，教皇李奥十世驳回了这一指控，他说："好吧，他就是一个艺术的基督徒！"正如他所说的，拉斐尔把他的宗教升华成了艺术，因此我们原谅他不参加集会。他画画，我们祈祷——这真的是一回事。杰出的作品和宗教信仰一样神圣。

一直忙于搬弄是非的批评者走开了，但有一天，他们又回来了。他们指出拉斐尔的画作更具异教徒色彩，并非纯正的基督教作品。教皇李奥十世和爱才如命的林肯听到这一指控后说："拉斐尔这样做有他自己的目的，正如基督教会希望吞并异教艺术世界一样，拉斐尔想让异教基督教化。"

有关异教与无神论的指控是一种典型的指控。温文尔雅的伯恩·琼斯曾被他的敌人指责为希腊异教徒。现在，他可能因这一侮辱而获得荣誉，但是在五十年前他可能被"秘密逮捕令"造访，而不是获得爵位。因为我们不能忘记在1815年，国会是怎样拒绝支付艾尔金大理石雕像费用的，正如费尔茅斯伯爵指出的那样："这些遗迹会把英格兰卷入希腊异教中。国会对于异教问题的态度表露出英格兰新教所制造的黑暗迷雾。宣称偶像崇拜的天主教徒在他们的教堂里崇拜图画和雕像。"

罗马人把雅典人的大理石雕像从底座推倒，他们认定雕像代表希腊人所崇拜的神。他们继续着破坏性的工作，直到一位罗马将军（后来确定他来自科克郡）制止了这一捣毁文物的行为。他颁布了法令并严厉警告，任何偷窃或毁坏雕像的士兵都需要重新放回与原来的雕像同样好的雕像。

为了给大英博物馆带来最高的荣誉，埃尔金伯爵让自己破产了。这样做也使他获得被拜伦伯爵用韵文谩骂的荣幸。埃尔金伯爵奋力反对异教徒的指控，但是伯恩·琼斯却在他的控告者面前保持沉默。因为带着银行支票的买家包围了他的家，要求买他的画。时至今日，我们发现阿尔玛·台德玛曾以优雅的魅力公然声称自己是异教徒，这使得美的热爱者为之欢呼。

我们正在进步。我们不再相信异教是"坏的"。所有曾经生活过、爱过、希望过，最后死亡的男人和女人都是上帝的孩子。随着民族灭亡，这一切都转化为尘土。我们穿过被遗忘的黑暗岁月，触摸到友谊的双手。这其中有些人生活于两千、三千或四千年前，创造了非凡

➷《西斯廷圣母》（拉斐尔）

的、伟大的作品，站在他们作品的残片面前，我们沉默、羞愧。我们也认识到，很久以前，曾经存在的民族留下了不多的、被劈成碎石的残败历史。历史上的人们曾生活过，他们并没有给我们留下任何记号，他们可能比我们更优秀。他们曾拥有的历史，不断消逝。

但我们是和他们站在一起的。将他们带上历史舞台的力量同样也将我们带上了舞台。我们还没有表示同意，就成为了存在，不受自己控制。一天又一天，我们的意愿并不能左右时间的流逝。活着或曾经活着的所有人的命运都是一样的，并不会受到"异教"、"未开化"、"不信神"的嘲弄。怀着爱与怜悯，我们对永恒的事物表示敬意。我们至今仍在评论的存在的最老的人——也是最新的民族，曾逗留于亚述古国、埃及，后又追溯到玛雅，他们的大陆沉没于无边的大海中，他们的秘密无人可以亵渎。是的，所有踏上大地的人都是兄弟，也是尘土与未知事物的后裔——但愿能永恒！

在约翰·鲍尔的故事中，威廉·莫里斯描绘出他理想的生活状态。莫里斯在这一点上一定是对的：理想的生活就是普通、自然的生活，某一天我们也会对此有所了解。莫里斯的作品本质上带有拉斐尔前派的风格。他的特殊之处在于，黑暗时代对他而言是特定的光明和启蒙时代。

生活是简单的。人类因为热爱生活而开始工作。如果他们想要某样东西，他们就制造它。"每一种排外的交易都是畸形的。"罗斯金说。劳力的分化并没有到来，当时的社会没有贫困、富裕之分，兄弟会的观念稳固地植根于人们的意识中。他们不会对财富、权力和地位狂热地追求，但爵位的产生与贵族的世袭制终究还是到来了。

政府让人们免于赋税，这样人们就不再保护自己。随着时光流逝，人们失去了保护自己的能力——勇气不使用就会萎缩。徘徊于忧虑和蹲伏于害怕中是文明人的特性——人们是被国家所保护的。生活中的狂欢不可能发生在城邦里。门拴和栅栏、锁和钥匙、士兵和警察、怀疑和憎恨等不信任的符号在很多地方出现，提醒着我们人与人之间的敌对关系，必须防备自己的兄弟——保护与奴役是近亲。

在拉斐尔之前，艺术并非一项职业——个人因上帝的荣誉而创作。当画一幅有关家庭的神圣图画时，拉斐尔的妻子做他的模特，他让自己的孩子以合适的顺序出现在画作中，将成品挂在乡村教堂的墙上。他不需要付费也不要求酬劳——这是一种爱的奉献。直到牧师们希望在教堂中添加更多的图画时，交易出现了。很久以前，画家与女仆结婚，他们的孩子也受到祝福。画家将他的喜悦放进画里，画妈妈和孩子，并将这样的画作为对上帝的感恩与奉献。爱这一概念的纯洁性以及创造生命的奇迹重现了生命交响曲的主题。爱、宗教和艺术曾经手拉手一起前行，也将一直前行。艺术是艺术家对于自己所从事的工作的喜悦之情的表达；艺术是最美好的做事的方式。教皇尤里乌斯是对的："当你把自己的灵魂放进工作中时，工作就是宗教。"

乔托画了《母亲和孩子》，画里的母亲是他的妻子，画里的孩子是他们的孩子。他们后来又有了一个孩子，乔托就创作了一幅新作品，叫做《大男孩圣约翰和小耶稣》。多年过去了，我们又发现了出自同一个画家之手的另一幅关于神圣家庭的作品，图中展现了五个孩子，在图画后面的阴影里的是艺术家本人，装扮成了约瑟夫。较大的几个孩子名叫以赛亚、以西结和以利亚，预示着对过去的时代的美好想象。工作、爱和宗教的融合让我们这些凡人看到

➥《椅中圣母》(拉斐尔)

了天堂。它是理想化的——也是自然本真的。

飞逝的年月给翁不里亚的乌尔比诺小城带来的影响并不大。这个地方是沉睡安静的，你可以在这里找到躲避毒辣太阳的遮阳蓬来乘凉。站在这里，你会听见报时的钟声——这已经有四百年历史了；你会看见成群的鸽子，这是瓦萨利在1541年到达这里时看到的鸽子，似乎鸟儿从来不会老。瓦萨利提到了鸽子、悠久的教堂——甚至更老的——卖花女和水果商、经过那里的黑袍牧师、偶尔经过的士兵以及坐在路边的补鞋匠。如果你在那里停留，他们就会提出为你补鞋。

对瓦萨利而言，世界是个大债主。他不够资格成为画家，搞建筑也很失败，但是他拥有谈论别人在做什么的说话技巧。如果他知道的事物不够完整，他就用想象来填补。他像希腊的历史学家一样有趣；像佩皮斯一样爱饶舌；像传记作家一样有吸引力。

一个纤瘦的女孩提着芦苇篮子，卖百里香和木樨草，她提出给瓦萨利指明拉斐尔的出生地。三百年后，一个棕色面颊、光脚的男孩，卖带着露水的玫瑰花，他也主动为我提供同样的服务。

这幢房子有着红瓦屋顶和长长的低石结构。门的上方是一块青铜匾牌，告诉来访者拉斐尔·桑乔于1483年4月6日出生于此。赫尔曼·格里姆用了三个章节来证明拉斐尔并非出生于这幢房子，塑像与青铜匾牌是不可信的。格里姆是一位刻苦的传记作家，但他并没有弄清真相。拉斐尔的父亲乔瓦尼·第·桑乔曾住在这幢房子里，对于这一点我们很确定。教堂的记录显示，乔瓦尼的其他孩子都在这里出生，很自然就能推断出，拉斐尔也出生在这里。

这幢房子里引起我的兴趣的一件东西是挂在墙上的一幅关于母亲和孩子的画。许多年来，这幅画被认为是拉斐尔的作品，但现在有充分的理由相信它是拉斐尔的父亲的作品，画中的人物是小拉斐尔和他的妈妈。这幅画已经褪色了，也变得很模糊，正如这位神圣的母亲褪色的历史，但她却生出了历史上最优雅、最伟大的人物。拉斐尔的早年生活一直笼罩着神秘，没有关于他出生的记录。我们知道他的父亲是一位有权有势的人，本来也可被列为伟大的艺术家，但是他不幸有一个超越自己的儿子。如今乔瓦尼·桑乔唯一的名望是作为他儿子的父亲。关于这个男孩的母亲，我们只知道拉斐尔是她唯一的孩子，她生他的时候不到二十岁。在一幅画的后面有一首描写她的十四行诗，拉斐尔的父亲在诗中描写了她特别的眼睛、修长的脖子，并说她身体脆弱，经不起打击。也提到了"这个孩子在纯粹的爱中出生，上帝将他送来享受舒适和爱抚"。

➹《花园中的圣母》(拉斐尔)

这位劳累的母亲在拉斐尔不满八岁的时候就去世了，但是拉斐尔对于她的记忆非常深刻。她给他讲关于契玛布耶、乔托、吉兰达约、列奥纳多和佩鲁吉诺的故事，特别是最后两位，就在距离他们家几公里以外的地方生活和工作。正是这位伟大、慈祥的母亲给他的灵魂灌注了想要做什么和成为什么样的人的思想。他的心中充满着对和谐的渴望，这也是母亲留给孩子的遗产。

当艺术家创作肖像画时，他同时画了两个人——模特和艺术家自己。拉斐尔将自己交给了艺术。他的父亲不止一次地说这个男孩是他的母亲的化身，这样我们也就能看到他的母亲的肖像了。父亲和儿子画了同一位女性，他们对她怀有一种崇高的爱。她的丈夫在她去世并有了第二次婚姻之后，仍为她赋写了十四行诗。比起现任妻子，男人会更爱他去世的妻子吗？也许会。一位作家曾说："伟大、高贵的爱情，已经从你紧握的双手中溜走——在它被误解之前，像影子一样溜走——这样是最美好的。对这样的一种爱的记忆不会在心中死亡。它能抵制生活中肮脏的冲动。虽然因它而产生无法言说的悲伤，但它也给予人无法形容的平静。"

拉斐尔的父亲在小伙子十一岁的时候遵照他母亲的意愿，让其学习绘画。这位父亲对这个孩子有着温柔而又充满诗意的爱，其中还混杂着对死去母亲和她活着的儿子的爱。父亲尊重母亲的意愿——这个男孩应该成为艺术家。乔瓦尼·桑乔为自己精致的外表和饱满的精神而自豪，他带着小家伙拜访了附近所有的艺术家。他们也拜访了公爵的宫殿——这座宫殿由福德里格二世建造，他们在里面逗留了好几个小时，欣赏了油画、塑像、雕刻品、挂毯和镶板等。

➡《披纱巾的少女》（拉斐尔）

这座宫殿现在仍然存在，它是意大利最宏伟的宫殿之一，与沿着威尼斯大运河的那些大理石堆争奇斗艳。乔瓦尼·桑乔对这座宫殿的建成做出过贡献，他总是那儿受欢迎的客人。从青少年时期起，拉斐尔就熟悉了这种艺术氛围。没有人知道这些早期的生活环境对于他正确的品位和典雅的习惯起了多大的作用。当乔瓦尼·桑乔意识到死亡临近的时候，他把拉斐尔交给牧师巴托罗缪和孩子的继母。

可以引证说明伟大的人是由他们的母亲爱护、养育和照料的。我很了解女性。那种会虐待命运给予她照顾的流浪儿的女性也不会好好对待她自己的孩子，这种女性侮辱了她的性别。

就让拉斐尔作为典型的受到继母无限温柔的爱护的人

吧！我们也不能忘记达·芬奇的境遇，没人了解他的母亲，也没有人听说过他的父亲，但他受到相继四位继母的悉心照料，她们都为他无私奉献着。

遵循拉斐尔的父亲的愿望，由巴托罗缪来给这个男孩上素描课。此巴托罗缪不能与彼巴托罗缪相混淆，后者是萨伏那洛拉的朋友，后来他极大地影响了拉斐尔。正是牧师巴托罗缪把拉斐尔交给了住在佩鲁贾的佩鲁吉诺。佩鲁吉诺虽然年纪相对较轻，但他的名声远大于他所居住的小镇。他自己的真实名字已然随风而逝，人们称呼他为佩鲁吉诺——就像他是唯一生活在佩鲁贾的人似的。牧师对佩鲁吉诺说：

➻《基督显圣》（拉斐尔）

"这是我带来做你的学生的男孩，你的名声可能就是他要在你的工作室里和你一起工作的原因。"佩鲁吉诺从他的画架上抬起头来看了拉斐尔一眼，然后回答说："我还以为他是个女孩呢！"

牧师又将刚才所说的话重复了一遍，佩鲁吉诺对牧师的信任报之一笑。他看着这个男孩，对他的美貌留下了深刻的印象。佩鲁吉诺后来回忆说，他当初把这个孩子留下来的唯一理由是他认为他能当一个很好的模特。

佩鲁吉诺是他那个时代绘画技术最纯熟的大师。他生活富足，沉迷于工作。他热情洋溢，淹没了周围所有的人。勇气是红血球中的一种物质，正是氧气激活了这种物质。如果没有氧气在他的血液中支持他，他就不会发作——甚至无法形成一种艺术派别，而只是一幅空白的画

→ 佩鲁吉诺肖像

布。佩鲁吉诺是一位成功者，他具有前瞻性的头脑，他的才能与他的头衔相匹配，权力在他的人生道路上伴随着他。拉斐尔的严肃、镇定以及心灵上的美吸引着他。他们之间产生了父子之情。制定有条理的职业计划主要是为了激发灵感，完成工作；要有较高的自我评价；要有极高的活动力和对神的信仰——所有这些都是拉斐尔从佩鲁吉诺那里学到的。他俩都是自我中心主义的人，这也是所有人的特征。他们都曾听到一个声音——他们曾被"召唤"。天才就是这样被召唤的，如果一个人不能以大师的方式来工作，那么可以确定他浪费了神圣的激情。爱穆斯女神与对她有某种欲望是根本不同的两回事。

佩鲁吉诺曾经被感召，在拉斐尔和他一起工作的一年前，他确信自己已经被感召了。在佩鲁贾的这段日子里，拉斐尔充满着宁静的愉悦和增长的力量。他进入了有活力的、真实的世界中。下午，当太阳照射下的影子开始向东方拉长时，佩鲁吉诺会叫上他的助手，尤其是拉斐尔和平图里乔(另一个高尚的灵魂)。他们会外出散步，每人都带上画夹和一个仆人。沿着镇上狭窄的街道，穿过罗马拱桥，经过山坡集市，从那儿能俯瞰翁布里亚平原。佩鲁吉诺有着光滑的脸，矮胖而又强壮。平图里乔有着细密的胡子、樱桃眼睛、高瘦的外形，跟在他们后面的是拉斐尔。他的黑色小帽很配他的金色长发。他那纤细、修长、优雅的手指显示了他内心所蕴含的柔和的力量——他棕色的大眼睛看见了仙境。俯视天空，能看见高高的黎巴嫩的雪松、溪谷斜坡上的羊群、倒塌的石坊；羊毛状的云朵轻轻地点缀在深蓝的天空上，远方还有教堂的尖塔。所有这些翁布里亚的壮美风景都是属于他的。也许在出生的数百年之前，他就已经感悟到了那位伟大的美国作家所说的："我拥有这片山河！"在1492年——我们不能忘记这一年——在佩鲁吉诺署名的壁画中，我们看到了一种特殊的绘画风格。在1498年的设计副本中，我们被一种新的、微妙的东西所触动——那就是拉斐尔的作品中的线条所产生的冲击力。

佩鲁吉诺现藏于梵蒂冈的作品《复活》以及藏于柏林博物馆的《迪奥塔莱维圣母》清楚地显示出拉斐尔的笔触。这个年轻人那时才刚刚十七岁，但他参与了佩鲁吉诺的工作——佩鲁吉诺也很高兴拉斐尔能够在十九岁时完成他的第一次独立创作，那是为卡斯特罗城而作的。这些壁画署名"拉斐尔·桑乔，1502年"。其他作品的署名日期是1504年。它们都是由佩鲁吉诺设计的，但都是通过年轻艺术家的勤勉工作完成的。作品中仍然有一些微妙的精神风格清晰地标志着拉斐尔的佩鲁吉诺时代。

《圣母的婚礼》作于1504年，现藏于意大利米兰的布雷拉美术馆，是拉斐尔最重要的作品。在它旁边的是《科涅斯塔比勒圣母》，此画创作于佩鲁贾，1871年之前一直保存在佩鲁贾，直到它被原收藏家——一位没落贵族后裔以六万五千美金卖给俄罗斯皇帝。从那以后，一项法律条文颁布，禁止任何人把"拉斐尔"带出意大利，否则将受到严惩。但在这之前，芝加哥辛迪加家族已经购买了碧提宫画廊，并将其收藏转移到了"湖滨公园"。

➡《圣母的婚礼》（拉斐尔）

拉斐尔 RAPHAEL | 13

拉斐尔创作生涯的第二个时期开始于他1504年的佛罗伦萨之行。这时，他已经二十一岁了，英俊、骄傲、稳重。有关他的传说已经先行于他到达了佛罗伦萨，作为佩鲁吉诺六年的知己与好友，他很受欢迎。

莱昂纳多·达·芬奇和米开朗基罗此时正处于艺术创作的巅峰时期，他们的名望无疑激励了拉斐尔的雄心。在这两位艺术家中，他认为达·芬奇的成就更高，米开朗基罗的英雄气概并不能赢得他的心。他还认为马萨乔在佛罗伦萨创作的卡迈纳圣母堂壁画比米开朗基罗的任何一幅作品都好。关于这对龙虎，曾经有一个传说，大意是拉斐尔让米开朗基罗和其他艺术大师从阳台上传话，那时候他有众多的学徒，忙于工作而不见来客。

➡ 马萨乔肖像

我们不知道这样的事是否能片面地说明拉斐尔对米开朗基罗的艺术的观点——也许拉斐尔自己都不知道。但是这样的事是能说明一些问题的，我甚至听说约翰逊博士也认为拉斐尔的作品在他们共进晚餐之后就更好了。

巴特雷摩是拉斐尔在佛罗伦萨的第一个也是最好的朋友。这位修道士温和的性情，待人接物谦虚的态度赢得了翁布利亚小伙子的心。他们之间产生了深厚、真挚的友谊，甚至生死与共。

巴特雷摩的宗教精神是开启拉斐尔在佛罗伦萨创作的第一件作品的钥匙。年轻的拉斐尔和这位修道士大多数时间在同一工作室里生活和工作。拉斐尔在这一时期惊人地多产。从1504年到1508年他具有极大的工作热情和生活动力，此后都未曾到达这种程度。最美丽的圣母像大多都创作于这一时期，这些作品都是高贵、优雅而端庄的，有别于教会艺术品，是一种活的肖像。

在此之前，拉斐尔属于翁布利亚画派，但现在他的作品须重新归为佛罗伦萨派，创作手法更自由，也更多地出现裸体。解剖画法显示出这位艺术家的创作源于生活。

巴特雷摩经常亲切地称呼拉斐尔为"我儿子",还盛情邀请建筑师布拉曼特来欣赏拉斐尔的作品。每一个工作室都在讨论他所画的圣母像的美。当《安西帝圣母》在圣十字教堂展出时,人们蜂拥而至,以至于展览不得不取消。人群仍然继续涌入教堂,一位牧师想出办法,他站在主要的入口,拿着一个捐款箱和一根大棍子,只有为"有价值的穷人"捐献银子的人才能进入。

巴特雷摩承认他的"学生"的成就超越了他。拉斐尔被邀请为马萨乔的壁画完成最后的一笔。达·芬奇对他的成就微笑着认可,而米开朗基罗则轻蔑地提到他的名字。布拉曼特回到罗马后,告诉教皇尤利乌斯二世:"在佛罗伦萨有一位年轻的翁布利亚人,我们必须召唤他。"

这一时期的罗马欣欣向荣——条条大路通往那里。教皇尤利乌斯已经为圣彼得举行了奠基仪式,雄心勃勃地要实现教皇尼古拉斯五世的格言:"应该在教堂中安放世间的美丽物品,来赢得人类的心。"

文艺复兴刚刚开始,正是教堂本身培育并支持着它。十五世纪——这一时期很平静,约翰·布尔和他的那些伙

➡ 拉斐尔绘制的教堂壁画

伴也在平静之中——过去了。

拉斐尔开始了他的罗马时期,他在不到十八年的时间里,完成万神殿的壁画。

在此之前他的时间是属于自己的,但是现在教堂就是他的女主人。这也使他获得了莫大的荣耀,比过去任何艺术家获得的都要多。教皇刚刚二十五岁,他平等地对待拉斐尔,像驮马一样和他一起工作。"他有一张天使般的面庞,"尤利乌斯哭泣着说,"还有神的灵魂!"

美第奇家族的教皇李奥十世成就了尤利乌斯。他把米开朗基罗派往佛罗伦萨,让他的天才展现在圣洛伦佐的教堂上。他遣散了佩鲁吉诺、平图里乔、皮耶罗·迪莉娅·法布雷加斯,虽然拉斐尔曾流着泪为他们求情。他们的壁画被毁,拉斐尔被要求继续为梵蒂冈做画,使其成为它应该成为的样子。

他的第一个重大工程是用壁画装饰签字厅,这幅壁画就是我们今天所看见的《辩论》,在它旁边的就是著名的《雅典学院》。在这幅画中,可以看到他自己的著名的肖像,还有佩鲁吉诺的。第一个位置是留给佩鲁吉诺的,他

➡《雅典学院》(拉斐尔)

们的脸亲切地相对。数万位摄影师曾拍摄过此景。

这一历史的片段显示出拉斐尔对他的老师的深厚感情。梵蒂冈中藏有很多拉斐尔的作品，除了画廊以外，公共空间是允许观众进入的。在其他一些地方还进行着壁画研究，这些空间不对外开放，除非有爱尔兰大主教陪同——所有的大门都会为你而打开。在梵蒂冈，每天都有一小时用来展示拉斐尔的七副挂毯。其余的时间，该展览室会关闭，以保护它们免受光照。南肯辛顿藏有的拉斐尔的原作显示出了他天才的视野与眼界，这一天才的展现比挂毯本身的价值更高。

无止境的工作充满了拉斐尔的生活。他的天才与勤勉令人惊异。他在罗马的那段时期创作了超过八十幅画像，还设计了大量的雕塑以及教堂使用的银器和金属饰品。学徒也帮了他很大的忙，其中必须提到的有朱里奥·罗马诺和吉安弗朗切斯科·彭尼，这些年轻人和拉斐尔一起住在他宏伟的房子里，房子坐落于圣彼得与圣天使堡之间。一百年之后，大火烧毁了这个地方，它曾经的恢宏再也不能复原了。如今，从烧毁的房屋废墟中采集的石头建成的小屋标志了原址所在。当人们走在这条白色的、布满灰尘的路上时，仍会想起拉斐尔曾反复踏足于此，他经过这条街道的次数比经过其他任何一条罗马的街道都要多，他让这片土地变得神圣。

我们刚刚说到布拉曼特把拉斐尔带给了罗马，在圣彼得教堂的建筑师离开后，教皇李奥十世想起了拉斐尔，他安排拉斐尔继续完成这项工程。拉斐尔应该获得这项殊荣，但是此前他已经工作过度了。1515年，拉斐尔被任命为发掘主管，这是一份浪费他的美学与精致天性的工作。令人惋惜的是他的心进入了古代世界，那些人都是在毁坏的永恒之城上建设。这种监管工作不应该属于拉斐尔这样的伟人。

时间的压力让拉斐尔感到疲惫。他已经三十五岁了，比任何翁布利亚人都要富有。他是那个时代最伟大、最高贵的人之一，获得的赞誉是古往今来的艺术家所不能及的，但他的生活开始走下坡路。他已经获得了一切，因此开始学着做一些坏事。他想拥有爱情，过一种轻松、安静的乡村生活。他与玛利亚·迪·比别纳订婚了，她是比别纳红衣主教的侄女。婚礼的日期确定下来，教皇将主持婚礼。

但是教皇将拉斐尔视为教堂的仆人——拉斐尔曾为他工作。教皇对感情主义的魅力有成见，所以他要求婚礼延期举办，直到找到合适的地方。

➦ 拉斐尔自画像

教皇的要求就是命令。拉斐尔关于乡村家庭以及其他美好事物的梦想都被收起，准备在某个上帝创造的繁荣时期里实现。

但这一爱的梦想最终没能实现，因为拉斐尔有另一位对手——死神夺走了他的新娘。

她被安葬在万神殿，一年之后拉斐尔疲惫不堪的身体也被安葬在她的身旁。在那里，他们的骨灰混合在一起。

这一爱情悲剧从未被历史记载，人们只是说那里安葬着一对恋人。当时还有人说对分别的害怕伤了这位年轻小姐的心。在她死后，拉斐尔的手失去了灵性，他开始发烧，不久就结束了自己的生命。

米开朗基罗、达·芬奇、佩鲁吉诺和巴特雷摩都在拉斐尔之前获得了名声。之后他们又从他的事例中悟出了道理，变得更加富有。

米开朗基罗比拉斐尔大九岁，却比拉斐尔多活了四十三年。

提香比拉斐尔大六岁，在拉斐尔去世后，继续生活、工作了五十六年。

这是米开朗基罗不幸——直到死的那天，他与拉斐尔的竞争仍未停止。他们本应该是亲密的朋友。

艺术的世界对他俩而言都是足够大的。但罗马却划分出了两个敌对的阵营：喜爱拉斐尔的和支持米开朗基罗的。人们来来往往，搬弄着愚蠢和无意义的是非。这两个强大而文雅的人，都期盼着拥有同情和关爱，但却始终被迫相互排挤。

当拉斐尔意识到自己的日子不多了时，他派人去找佩鲁吉诺，请他帮助自己完成工作。他的职业生涯开始于和佩鲁吉诺一起工作，现在他这位一生的朋友必须完成拉斐尔未完成的工作。他一个个地嘱咐自己最爱的学生，和他们告别。他写下遗嘱，把大部分有价值的财产留给了他的工作伙伴。他的灵魂将献给上帝，也是上帝给予了他灵魂。他在自己的生日那天去世——1520年4月6日，星期五，终年三十七岁。米开朗基罗在拉斐尔去世的一年中一直掩面而泣。他曾说："拉斐尔是个孩子，一个美丽的孩子。如果他能活得更久一些，我会和他像成年男人一样握住彼此的手，像兄弟一般在一起工作。"

➪ 提香肖像

LEONARDO DA VINCI

莱昂纳多·达·芬奇

也许世界上再也没有像达·芬奇这样广博的天才了——他是如此有天分、如此不自我满足、如此渴望超越。他的画作展现出令人惊讶的洞察力和精神力量,画中的人物充满着无法言喻的思想和情绪。在他的作品旁边,米开朗基罗创作的是不够丰满的英雄式人物;拉斐尔所描绘的仅仅只是纯洁、安详的孩子,其灵魂还未觉醒。从达·芬奇创作的人物的面貌上的每一条纹路中都能感受到他的存在,必须花一定的时间与他们交流。这并非是因为他们的感情并不外露,正相反,它们从整体上显露了出来,而且是非常微妙、复杂、超越常理的,像梦一样令人费解。

——泰纳,《意大利游记》

乔治·罗斯曾写过一本小册子,名为《文艺复兴时期的大师们》,非常值得一读。我随身带着一本,放在我衣服的侧口袋里,有空就翻一翻。在这么小的书上,我用铅笔做满了标记,扉页和尾页上写满了我偶尔产生的一些想法,乱七八糟的妄语填满了书边的空白。

➡ 达·芬奇肖像(木刻版画)

后来有一天怀特·皮格从巴弗洛来到罗伊克罗夫特出版社。她乘坐两点钟的火车过来,四点钟离开,她的访问很快就结束了。

怀特·皮格在东欧罗拉只待了两个小时。"不够长,"她说,"不足以窥见蝴蝶金色翠绿的翅膀。"

怀特·皮格在阁楼的桌子上看到了我说的那本小册子。她拿起它,随便翻了翻,然后打开她的波士顿手提包,把

➻ 位于佛罗伦萨乌菲兹美术馆外的达·芬奇雕像

这本册子放了进去，说：

"你不介意吧？"

我说："当然不！"

然后她说："我很高兴能跟随你标记的路径来欣赏它。"

这就是关于这本小册子的故事。也许故事之后的发展是：我和怀特·皮格一起走到车站，她坐上车，我在站台上看着火车从转弯处消失。怀特·皮格打开波士顿手提包，拿出这本小册子，开始阅读。

那是我最后一次见到怀特·皮格。她看上去很不错，我注意到她的步伐稳健。她抬着额头，缩着下巴，这也让我缩着自己的下巴——我们这么容易相互影响。当你和亲友走在一起时，你是慵懒的，但是其他人的加入，会让你抬起头来走路，似乎天空对你有引力——这种现象很奇怪。

我想怀特·皮格应该有四十岁，或者非常接近四十。她棕色的辫子上有一些银纹，当然，她的脸颊已经很久没有泛着桃红色了。日晒过多使得她的前额和下巴上有些小斑点，就像阿尔西彼得斯·罗伊克罗夫特在八个月大时，脸上长的雀斑一样。

我确信怀特·皮格年近四十！那是她从我这里偷的第二本书；另一本书是马克思·穆勒的《记忆》——巴黎卢浮宫，1890年8月14日，第五版。我们坐在凳子上，在达·芬奇的《蒙娜丽莎》前沉默着。

我也不是特别在意这本《文艺复兴时期的大师们》。我没从里面得到很多信息，但它给了我某种不一般的感觉，就如我年少时听到温德尔·菲利普斯的演讲一样。

我只记得这本书里所讲述的一件事情，它就如同怀特·皮格前额上的斑点一样清晰。作者说达·芬奇发明了许多有用的东西,除了爱迪生之外,他发明的东西比任何人都要多。

我认识爱迪生。他是一个可爱的人,因为他很真实地做他自己。他耳聋——也乐于这样,他说因为耳聋保护着他,让他听不到他不愿意听到的话。"就像这样,"他曾对我说,"耳聋使你与他人隔离,对于那些无需分心的事情不会很敏感。你能集中注意力思考问题,直到这个问题得以解决——明白了吗?"

爱迪生是个俗人——会读我写的东西,喜欢收藏小而发黄的杂志。他还在我写的一些书上做了标记。我觉得爱迪生是我曾见过的最伟大的人——他欣赏一切美好的事物。

我告诉爱迪生,作家罗斯把他和达·芬奇相比较。他笑着说:"谁是罗斯?"停顿了一会他继续:"最伟大的人是永不消逝的人——森林里充满了巫术,但很多人都不知道。"这位男巫因他自己的玩笑而笑了起来。

达·芬奇是哪种类型的人?为何他与爱迪生是同一类人?——只是达·芬奇是高瘦的,而爱迪生是矮胖的。我们都应该至少结识其中一位。他们都是古典的,也因此在本质上是现代的。达·芬奇将自然作为第一手材料来研究——他不认为任何事物的存在都是理所应当的,自然是他唯一的参考书。那些古板的、挑剔的、不出门的教授——令人畏惧的人,让亲友害怕,让孩子尖叫,

➡《蒙娜丽莎》(达·芬奇)

让女士敬畏地注视，但达·芬奇是简单而又谦逊的。他结识了社会各个阶层的人——高层或低层、富人或穷人、有文化或没文化的，他对自己这样做非常满意。"做你自己，这是很好的事情。"

萨克雷曾说过："如果我在楼道里遇见莎士比亚，我会晕过去！"我不相信莎士比亚出现的时候能让任何人晕倒。他是如此有能力，会让人感觉到轻松愉悦。

如果达·芬奇到东欧罗拉来，伯蒂、奥利弗、莱尔和我会同他一起游历这片土地。他会带着他的斜跨皮革包，正如他在乡下时那样。他是一个地质学家和植物学家，总是采集样本——也总是忘记将它们放在哪里了。

我们会和他一起游历，我想如果季节正当时，我们会穿过果园，坐在大树下吃苹果。达·芬奇会谈话，正如他喜欢的那样，告诉我们为何苹果朝向太阳的那一边有美丽的颜色。当苹果从树上落下，他就会说到艾萨克·牛顿，并解释为何苹果向下落，而不是向上。

在我们回去的时候，达·芬奇的皮革包恐怕会变得相当重，奥利弗和莱尔可能会争着帮他提包。

达·芬奇曾经受雇于凯萨·波吉亚，为罗马格纳王国修筑防御工事。这是由教皇亚历山大六世执政的全新的王国。正是教皇要求达·芬奇测量土地，制定防御工事和开凿运河的计划，以及所有其他工事——因此达·芬奇难以拒绝。凯萨·波吉亚有幸成为教皇之子，但是教皇已习惯于将他作为自己的侄子——这是历代教皇的习惯。教皇亚历山大也有一个女儿，名叫鲁克蕾齐亚·波吉亚，

➡《莉妲和天鹅》（达·芬奇）

她是凯萨的姐妹,很喜欢凯萨,因为他们在同样的路途上改道。

达·芬奇开始了这项工作,为建造坚不可摧的防御工事而制定计划。他骑在马背上,彻底地勘察这个地方,他的两个仆人坐在牛拉的车上跟着他,这被达·芬奇称作是"边轮式车"。

→ 凯萨·波吉亚肖像

达·芬奇带着一个很大的写生簿,当他为防御堡垒做计划的时候,他会做一些笔记,比如乌鸦成群飞过,没有头鸟;野鸭有组织地以 V 字形飞行,它们还会依次更换领导。还有,瀑布演奏出全音阶,水流会分开以便奏上一曲;树叶通过氧化作用而变黄;知更鸟成双结对,相伴终生。

在这个时候达·芬奇也记录云朵的运动、岩石的断层、花朵的受精、蜜蜂的习惯以及其他数百种主题,它们填满了他留下的笔记库。

同时,凯萨·波吉亚对达·芬奇所做的防御堡垒工事有些不耐烦了。两年过去了,凯萨和他的父亲遇到了一些非同寻常的意外。这对活宝一直在觊觎某个他们不赞同的红衣主教的利益,进行着各种阴谋活动。由于计划失误,凯萨的父亲错饮了为红衣主教准备的毒酒。这位教皇半途丧命,等待他儿子的是更糟的命运。教皇尤利乌斯二世登台,他很快就遣散了波吉亚家族。波吉亚家族建立新王国的意图彻底失败了。

达·芬奇显然并不为教皇感到悲痛。他拥有牛车,其中装着样本、草图和笔记,他要开始给它们分类。本质上他是一个喜欢和平的人——当制定防御工事计划时,他更感兴趣的是某种筑巢的燕子,它们将巢筑得古怪而又美丽。当小鸟长大能飞的时候,它们的父母会毁坏巢穴,把幼鸟推出去"在空中游泳"或者任其死亡。

关于达·芬奇观察鸟的事情,我在怀特·皮格欣赏的那本《文艺复兴时期的大师们》后面做了一些笔记。我都不记得写了些什么了——我想下次去巴黎的时候，我会找到怀特·皮格，把那本书拿回来。

当那位勤勉的传记作家阿塞纳·豪塞努力想确定达·芬奇的生日时，他采访了某位主教，这位主教这样推脱问题："既然他确实是出生了，什么时候出生有分别吗？"——典型的爱尔兰式的回答。豪塞对于精神臃肿而喜欢浪费口舌的人非常敏感，因此从不会用特伦斯的语言回答："我是一个人，所以人类的事情我都熟悉。"

文雅的伊拉斯谟小时候曾经被一位同学嘲笑他"没有名字"。伊拉斯谟回答说："好吧，我会让自己有名。"他也确实做到了。

没有关于达·芬奇生卒年的记载，但是他的生日却以一种有趣的方式被确定下来。他的母亲卡特里纳在他出生后一年结婚。能确定这段婚姻开始的时间是1453年，我们可以往前推一年，估计达·芬奇生于1452年。

多数人都认为卡特里纳是达·芬奇家里的佣人，但后来一些看起来更可信的作家告诉我们，她是一位家庭教师。她的亲戚急于将她嫁给农夫瓦卡·阿卡塔瑞嘉——他们力图让她拥有高尚的身份。她默许了，以避免引起家族不满。这就像洛德·培根为了逃避坏名声，而将《哈姆雷特》留在莎士比亚的门阶上一样。

卡特里纳的孩子受到了他父亲的贵族家庭的热烈欢迎。从童年时期开始，他就具有赢得人心的力量——他刚从上帝那里来，带来了上帝的爱。当他的父亲皮耶罗·达·芬奇结婚的时候，我们能从他的祖母和婶婶那里听到小声的异议。他的父亲开始料理家务，正如本杰明·富兰克林所说，这是因为"有了妻儿"。

这个孩子的美丽在这个事实中再次显露出来——他的继母视他如己出。从她结婚的那一刻起，就慷慨地给予他爱。

也许对这个孩子的赞誉也应该分一些给这位继母，因为她的心向着另一位女士的孩子，这是好的品德。这也是这位勇敢的女士一生中唯一一次尝到当母亲的滋味，几个月后她就去世了。

命运使达·芬奇接连拥有了四位继母，这也要求他跟她们所有人都过得开心和谐，他总是把他父亲的家当作是他自己的家。

达·芬奇是他父亲和所有继母的宝贝。他有十个同父异母的兄弟，他们轮流对他夸耀他们的身世，还取笑他。然而没有什么能扰乱他内心的平静。他的父亲没有留下遗嘱就去世了，兄弟们都力图剥夺达·芬奇的继承权。这引起了一场诉讼，最终以双方和解收场。这也表现了达·芬奇的宽宏大量——他把财产留给了一直嘲笑他的兄弟们。

➜《德莱弗斯玛丽亚》(达·芬奇)

我们不知道他母亲婚后的生活是怎样的。在瓦萨里的书里只有一些关于她的含糊的描述"她拥有一个大家庭"。我们不了解她是否知道她儿子的职业。达·芬奇从来没有提起过她。一位作家曾试图证明达·芬奇的画作里那罕见的、美丽而又神秘的面庞是以他母亲的脸为摹本创作的。

达·芬奇并没有给我们留下他的爱情故事——他从未结过婚。文图拉暗示说："他的出身使得他对神圣的婚姻制度漠不关心。"但这纯粹只是个推测。与他同时代的伟大人物——米开朗基罗、拉斐尔、提香和乔尔乔涅都没有结过婚。当时流行着一种情操，那就是艺术家是属于教堂

《受胎告知》(达·芬奇)

的，艺术家的生活就像牧师的生活一样。

正如威廉·达文南特先生所说的那样，达·芬奇对于围绕着他的出生的神秘性感到自豪——这使得他与众不同，能够站在突出的位置上。他可能也曾说过与《李尔王》中的艾德蒙一样的话。达·芬奇的手稿中曾有一篇感恩祈祷文："感谢我神圣的出生，天使保护了我的生活，指引我前进的方向。"

"神性"的观念在每一位大人物的心中都很强烈。达·芬奇认出了自己的上帝之子身份，也很了解他的神圣血统。大师的心中必然都具有自我中心主义。他们常说："主这样吩咐。"如果他们不相信自己，又怎么能使别人相信他们呢？小人物是谦卑的，总为存于世上找借口，也为自己寻找着不名誉的坟墓。伟大的灵魂则不是这样——他们存在的事实就是上帝把他们送来的证据。他们的行为是王者式的，他们的语言就是神谕，他们的为人处世的方式是积极、肯定的。达·芬奇的精神态度是高尚、和蔼的——他对造物主没有不平和抱怨——他接受自己的生活，也发现生活很美好。"我们都是上帝的儿子，这也并不能说明我们应该是什么。"

菲利普·吉尔伯特·哈默顿在《智慧的生活》中提到，在我们所熟知的人中，达·芬奇过着最富有、最充实、最全面的生活。在达·芬奇生活的时代，也生活着莎士比亚、罗耀拉、提香和拉斐尔。他们在智力和成就方面都堪称巨星：写出伟大的诗歌与戏剧；创作出经典的喜剧；在无航线的海洋上航行并发现新大陆；宣告挑战教堂；为言论自由权利斗争并被流放；勇敢迎接火刑的残忍光芒；攻击大理石块并解放天使；创作出激发数百万人灵感的画作……但没有哪个人像达·芬奇这样真正地接触生活并驾驭自己的灵魂。

瓦萨里说达·芬奇是"神的宠儿"、"神慷慨赠与人间的丰厚的礼物"。他还这样描绘达·芬奇的容貌："他的脸焕发的光彩能给最忧郁的心带来快乐。他的仪态如此优雅，他最简单的语言就能够触动最顽固的人，让他们说'是'或'否'。"

故事家邦代罗曾授意一位主教描绘达·芬奇非凡的天才，但他却写出了关于利宝·利比在达·芬奇嘴里冒险的最糟糕的故事。这个粗制滥造的故事在某种程度上说是纯手工打造的，这为白朗宁创作他最有名的诗歌提供了灵感。邦代罗是否允许波提切利讲这个故事还不得知。达·芬奇的生活中充满了纷争——他为人正直，活得很有尊严。

达·芬奇二十多岁时和佩鲁吉诺一起成为老韦罗基奥画室的学徒。这位大师画了一组画，他让达·芬奇画其中的一个人物。达·芬奇画了一个天使——这位天使如同被天堂的光芒照射一般，美得令人惊叹。老韦罗基奥第一眼看到天使的时候就流泪了——喜悦地流泪，他的学生远远地超越了他，老韦罗基奥从此以后再也没有拿起过画笔。

在体格方面，达·芬奇超过许多同

➻《圣母与圣婴》(达·芬奇)

道。"他能用手指扭马蹄铁;在膝盖上折弯钢条;在摔跤、跑步、跳马和游泳上,也很少有人能和他匹敌。他很喜欢骑马。在赛马时,他经常喜欢骑那些没人骑过的烈马,以极大的勇气赢得比赛。"头脑发达的人,通常四肢简单,但在达·芬奇这里,情况就不一样了。达·芬奇还是个外交家,从童年时期起,美惠三女神就常常站在他这一边。最近有传记作家发现达·芬奇被从佛罗伦萨传讯到米兰宫廷是因为"他是一位优秀的竖琴师,能弹唱他自己创作的曲子"。

我们找到了达·芬奇写给米兰公爵的信,在这封信里他推荐他自己,以谦逊的口吻谈到他能做的一些事情。这封珍贵的文本现保存在米兰的安波罗修图书馆。在信中,他罗列了九项建造方面的技能:建桥、修隧道、进行防御工事、制造大炮及可燃爆炸物等——他知道所有的流程。之后他喘口气,继续说:"我相信自己在建筑方面的才能无人能及,我能建造公共与私人建筑,懂得引水。我还能做雕刻,无论是在大理石、青铜上,还是在陶器上。在绘画方面,我也能和任何人做得一样好。另外,我还能根据您对尊父的记忆来铸造青铜像。还有,如果您认为我在此

➻《安吉里之战》(达·芬奇)

提到的事情显得过于夸张，我准备好在任何时间、地点为您做演示，以证明我的能力。我诚挚地推荐自己到尊府，做您的仆人。达·芬奇。"

最奇怪的事情是，除非一个人不变老，并且一天有好几百个小时，才能做到达·芬奇所声称的自己有能力做的事情——或者他应该有能力做的事情。

他计划要做的事情几乎都做到了。他知道地球是圆的，还知道行星的轨道——他和哥伦布知道的一样多。他曾计划建造一条从比萨到佛罗伦萨的运河，改变亚诺河的流向。在他去世两百年后，人们按照他的计划开通了运河。他知道蒸汽的膨胀量，还懂得正确的挖掘系统以及潮汐活动。曾有一座教堂下沉了，他把一块新的基石放在教堂底部，这座石头建筑因此被抬高了几寸。不过当瓦萨里认真地说他有一个移动山脉的计划（并不只是一个信念）时，我们最好转移话题，离他远点。

达·芬奇一直在研究物理和数学、用黏土雕塑、画画等等，他做这些仅仅是为了消遣。

米兰公爵——苦行者和享乐者、放荡者和梦想家，听说了达·芬奇之后，立刻去请他，因为他是"意大利最优秀的竖琴师"！

所以达·芬奇来了，主持歌曲、舞蹈比赛，计划节日和庆典。在庆典上，奇怪的动物变成鸟，巨大的花朵开放，里面出现美丽的女子。

达·芬奇这回有时间为公爵的父亲弗朗西斯科制作骑马塑像了。他发现这个项目很有趣。他开始对马进行系统研究，潜心于马的解剖学，比较不同品种的马的骨架，然后他就马这个主题写了一本书——现在这本书已经是一本教科书了。与此同时，他推迟了塑造雕像。他发现马身上有基础肌群和从来不使用的器官，比如"水胃"——这显示出马是从低级形式的生物进化而来的。达·芬奇比达尔文早三百年得出了这个结论。

公爵只对雕塑和画像感兴趣——也就是他所谓的"结果",他不在乎思考或者理论,只有一匹能快速奔跑的活马才会让他感兴趣。为了让公爵对塑像一事保持平和的态度,天才达·芬奇为公爵的情妇画像。他让她摆出圣母玛利亚的姿势,以此赢得了皇室的欢心,还获得了财政部的全权委托令。这幅极佳的画像是达·芬奇在米兰时的创作成果。现在这幅《路克瑞亚的画像》藏于卢浮宫,据说这是公爵最喜欢的画像。

但是公爵是已婚男人,他必须安抚自己的妻子。这位女士因为爱人的爱变冷而投向了宗教——正如妇女们经常做的那样。在她的特别准许下,达·芬奇为她在修道院的餐厅里画了《最后的晚餐》——她经常在那里用餐。

这位虔诚的女士对指导这项朴素而没有太多装饰的工作非常满意。达·芬奇也对这项任务很热心,他想画一幅世界上最著名的油画。达·芬奇史无前例地收了很多学习画画和雕塑的学生。不久他就建立了米兰艺术学院。有空的时候,他为公爵的工匠们设计金银器;为修女们设计刺绣图样;按照公爵夫人的指示邀请女士们,教授她们文学以及诗歌创作的高雅艺术。

修道院长不耐烦地观看了《最后的晚餐》绘画过程。

➡《最后的晚餐》(达·芬奇)

他受不了房间里都是木头架子，希望在米迦勒节之前的一个月内，所有的地方都干净整洁。但是一个月过去了，墙上已被弄脏，多了些彩色斑以及黑色的奇怪线条。院长曾威胁说要强行移走木架，把墙擦干净，但他还是在达·芬奇的注视下退缩了。

接着他就向公爵抱怨工作进度的缓慢。达·芬奇独自创作，不让学徒或助手接触这幅画。五个优秀、精力充沛的人可以用一星期作完这幅画。"如果被允许的话，我自己都能画。"这位院长说。达·芬奇经常抱着胳膊端详这幅画长达一个小时而不画上一笔——院长从锁孔里看到了这一切。

公爵耐心地听完院长的抱怨，然后召见了达·芬奇。画家以其高超的口才很快就说服了公爵——天才不需要像雇工那样工作。这幅画将成为杰作，符合至善至美的标准，所以不能急于完成；而且，没有人作为基督或者犹大的模特摆好造型。基督必须是完美的，他的样子只能在画家灵感突发的瞬间从灵魂中迸发出来。至于犹大，"已经找到了合适的——我认为是非常合适的模特——我想我能把我们的院长朋友请来当模特！"达·芬奇指向了院长。他逃跑了，直到这幅画完成前，他都没有在这间房里出现过。

这位院长抱怨达·芬奇有太多事情要做，这也是批评家对他的普遍批评。"他开始了很多事情，但从来没有完成它们。"他们说。

天才一直在构思，有才能的人才能完成这些事情。批评家们并不懂。要求一个人来平衡天才和才能之间的关系，确实是期望太高了。达·芬奇具有非凡的天才，但他的才能胜过了天分，他计划了自己花几十辈子都不能完成的事情。其实他是无止境的试验者——他一直用生活来试验。他的动力就是自我发展——去构思就已经足够了，普通人可以去完成。尝试许多事情就意味着拥有非凡的力

莱昂纳多·达·芬奇 LEONARDO DA VINCI | 35

→ 卢浮宫

量,能完成其中一些就是不朽的成就了。

人类的面庞是上帝的杰作。一位女子的微笑比日落更庄严;比战争——满是伤痕的土地更悲怆;比太阳的光芒更温暖;比言语所能形容的更有爱意。

人类的面庞是上帝的杰作。

眼睛显示了灵魂;嘴巴显示了欲望;下巴代表着目的;鼻子意味着意志。但是在它们背后是我们称为"表情"的流逝之物。表情不固定也不确定,它像以太一样流动,像夏季天空中神秘的浮云一样易变,像树叶的沙沙低语一样微妙——对人类的耳朵来说过于微弱、模糊——像在普莱希特湖面上捉迷藏的涟漪那样复杂难懂。

但达·芬奇抓住了这个表情。卢浮宫的墙上挂着他所创作的《蒙娜丽莎》。四百年来,对于每一位将画笔伸向调色板的肖像画家来说,这幅画都是激发灵感的杰作。正如沃尔特·佩特评论的那样:"这让画家绝望。"当这位艺术大师开始这项工作的时候已经五十多岁了,他用了四年时间来完成这幅作品。

"完成",我是这样说的吗?达·芬奇毕生的遗憾就是他没能完成这幅画。但正如罗斯金评价透纳的作品那样:"我们不能说这幅画能够更好或可以改进了。"

达·芬奇并不是为了坐在那里的那位女子而画这幅肖像,也不是为了她的丈夫——据我们所知,她丈夫对这件事并不感兴趣。画家是为自己而画,但他后来屈服于诱惑,以超过八万美元的价格将它卖给了法兰西国王。在那个时代,这笔钱对于一幅油画来说已经是非常庞大的数字了。这幅画并不是为了出售而创作,售价只是说明了它巨大的价值。

《乔康达夫人》不像其他作品那样有归属问题,它确实出自于达·芬奇之手。关于它的售价也是真实存在的,现在都能看到支付单据。运气和财富保护了《蒙娜丽莎》,小偷和艺术作品破坏者也未曾光顾它,甚至时间本身也没有伤害它。法兰西购买了这幅画,并一直拥有和保存着它,它现在仍然属于法兰西。

我们称其为《蒙娜丽莎肖像画》。乔康达夫人做模特时,艺术家用各种方法让她发笑,他通过讲故事、朗诵诗歌、弹琴以及向她展示奇异的花朵和罕见的图画来逗她开心。

➤《戴珍珠头饰的夫人像》(达·芬奇)

我们肯定达·芬奇爱着这位女士,曾有人猜测他们之间有亲密的友谊。但这幅画并不是她的肖像——艺术家表现的是他自己。

早在达·芬奇和韦罗基奥还是同学的时候,他就展示过同样的面孔。他的多幅作品中都出现过女士神秘的微笑,比如圣母像、圣安娜像、玛利亚像、《最后的晚餐》中基督与圣约翰像。但是直到乔康达夫人为他摆好了姿势,这一完美的面容所有极致的、神秘的美才找到了表达式。

在这幅画里,你可以读到一切。它如门农一般宁静,如狮身人面像一样无言。它昭示着你所感觉过的每一种愉悦、你所知道的每一种悲伤和你所经历过的每一次胜利。

这位妇人是美丽的,正如我们身体健康的时候生活中的一切那样美丽。她与世无争——她爱着,也被爱。没有徒劳的思念充斥她的心,没有焦躁和不安搅乱她的梦境。对她而言,生活中并没有潜伏的恐惧,她嘴边无法言喻的微笑朴素地说出生活是美好的。她的眼睛和下垂的眼皮周围的眼圈暗示了离世的情怀,道出了《传道书》中的信息:"虚无的虚无,一切皆是空。"

乔康达夫人非常有智慧,那种极致的姿态只为赏识它的人而摆出。所有的经历与情感雕刻出了那个脸庞,身体

➤《乐贝尔弗隆利亚肖像》(达·芬奇)

也成为了灵魂的完美载体。

像人性的张力一样，这幅画也同时具有排斥力和吸引力。对这位妇人而言，没有什么是必然好或必然坏的。她了解当世界刚刚开始的时候远古的奇异的森林之爱；她熟悉埃及艳后克立奥帕特拉的黑夜与白天，因为那也是她的黑夜和白天——罂粟带来的奇异熏香、欲火中的兽性灵魂、堕落的满足——所有这一切都是她身体里的一部分。毒蛇的奸计已经留在她的回忆里，毒牙的细小伤疤印在她白色的乳房上。在她身后，生活的画卷展开了。一片神秘的紫色阴影出现了。你看见了吗？宫殿化为尘土，柱子已经毁坏，财宝开始沉没，苔藓和枯藤四处蔓延，渗出的水腐蚀了城市，帝国渐渐变成了沙漠。异教希腊的船桨在她记忆的潮汐上摇摆，因为她的灵魂居住于特洛伊海伦的身体之中。帕拉斯·雅典娜跟随着她，轻轻地告诉她众神的秘密。

《抱银貂的女子》（达·芬奇）

啊！她不只是海伦，她也是勒达——海伦之母；她又是圣安娜——玛丽之母；她也是玛丽，在梦中被天使造访，还看到了东方的星辰。

那些世纪中，人类没有思想，肉欲猖獗，横行于街市。她是救世主的新娘，她纤弱的身体冲进野兽群中。她是非基督的、罗马的维斯太贞女。

她忠实于灵魂里的冲动。黑暗时代里，她的名字叫做塞西莉亚、圣塞西莉亚——圣乐之母；她是照顾他人的梅拉尼娅——塔加斯塔的修女；她也是征服者威廉大帝的女儿——仁爱会的修女，走遍了意大利、西班牙和法兰西，教修道院的女人缝纫、编织、刺绣、读书，向人类昭示着美、真与和谐。最后，这位小姐的双手放在了达·芬奇面前，化作永恒的生命，不断上升，收集着智慧、善良和爱。她的脸庞书写着历史，那些具有与她类似的经历的人能够读懂——人类的脸庞是上帝的杰作。

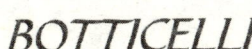

波提切利

在达·芬奇的《论画》一书中，只有一位同时代的艺术家被提及——桑德罗·波提切利。波提切利的作品中融合了基督教和非基督教，而这个人属于过去的时代——有历史记载之前的繁盛时代。他最大的希望是拥有忘记前辈的勇气，从深不可测的存在之海中寻找出维纳斯般的完美。

——沃特·培特

马克斯·劳透纳教授最近在欧洲艺术界发出一颗小炸弹，掀起了一阵风波。他声称伦勃朗❶那些最优秀的作品并不是他本人画的。这位教授用他自己发明的解码方法详细说明了这一点，他还搜集了一些材料。这是很有用的解码方法，未理清的问题都需要用它来解决——因为通过它，你可以证明任何命题，甚至断言霍普金森·史密斯是美国唯一的设计师。我认为这套解码方法是对我们所哀悼的同胞伊格内休斯·唐纳德的冒犯。

➣ 伦勃朗自画像

这个问题暂且不谈了，回到伦勃朗并没有画过那些属于他的画的事情上来。"因为这个人粗俗、地位低下、没受过教育。"伦勃朗正是因为他那未经雕饰的思想才饱受赞誉——劳透纳自己闹了个笑话。

"我有能力犯每一种罪行。"绅士拉尔夫·瓦尔多·爱

---

❶ 荷兰画家和蚀刻画家。

➡《达娜厄》(伦勃朗)

默生❶曾写出这样温和的句子。当然他并没有那种能力。在这样断定的时候,爱默生获得了比他自己预期的更多的赞誉。这也就是说,他夸大了一个古典的真理。

"如果伦勃朗画过《基督在厄玛邬》和《公民保卫的突击》,那么伦勃朗就有两个灵魂。"劳透纳说。

爱默生会简单回答:"他有。"

这正是伦勃朗和劳透纳教授的不同之处。劳透纳有一个平淡无奇、呆板、不丰富的灵魂,既不高尚也不堕落。他的意识以无可反驳的理性原则进行演绎,完美得合乎逻辑。他有着严格的规则和精彩的呆板。

每个人都以自己的标准来衡量别人——只有一个标准。当一个人嘲笑其他人的特性时,他就是在嘲笑自己。一个人如何能知道别人是可以被轻视的,他有没有审视过自己的心,看到可恨的东西?萨克雷❷写了《名利场》,

---

❶ 美国散文作家、诗人和演说家。
❷ 英国小说家。长篇小说《名利场》是他的成名作和代表作。

因为他自己就是势利眼——这并非说明他一直是个势利眼。

"世界在你心中,"老预言家说,"你所拥有的宇宙是你的心所创造的。"

老沃尔特·惠特曼❶看到受伤的士兵时说:"我就是那个受伤的人!"两千年前,特伦斯说:"我是一个人,人类的属性没有与我相违的。"

我知道为何劳透纳教授相信伦勃朗从未画过一幅深邃、微妙、温柔以及具有精神意义的画。劳透纳教授态度非常公允,他一直努力工作,但他的思维能力只能做出较低层次的判断。他是一颗菜花——受过大学教育的卷心菜。

是的,我理解他,因为大多数时候我也是极度地迟钝、幼稚、武断而又自大的。

我就是劳透纳。

劳透纳说伦勃朗是"未受过教育的",唐纳利也这样说过莎士比亚。每个批评家都以此为由说明为何一个人无法创作出崇高的作品。但是既然《哈姆雷特》是无可匹敌的,那么谁又能教这位作家写作呢?既然伦勃朗最优秀的作品无人能超越,那又有谁能教育他呢?

伦勃朗卖了他妻子的结婚礼服,并用这些钱来酗酒。

他的夫人去世了。

随之而来的是悲伤的黑夜和白天以及难以忍受的痛苦。他在大厅里呼喊,正如罗伯特·白朗宁❷在伊丽莎白·巴

➧ 波提切利肖像

---

❶ 美国诗人、新闻工作者和随笔作家。
❷ 英国诗人。早期作品包括一些诗剧,最出名的有《皮帕走过了》(1841),还有一些长诗,如《索尔戴洛》(1840)。他和女诗人伊丽莎白·巴雷特·白朗宁结婚后,定居意大利(1846–1861)。

➾《维纳斯的诞生》(波提切利)

雷特❶去世后的哭泣:"我想要她!我想要她!"早晨寒冷晦暗的光划过天空,伦勃朗发着烧,无法入眠。他坐在窗前,望着天空,爱的光芒渐渐驱走了他心中的黑暗。他平静地站起来——他听到了,他觉得自己听到了一位女子的衣服发出的沙沙声;他闻到了她头发上的味道——他想象着基亚就在他的臂弯里。他拿起调色板,连着画了好几周,一直没有停下手中的画笔,他勾勒出了《基督在厄玛邬》里温和、慈爱、悲悯而又憔悴、消瘦,在荆棘中流着血的基督,他被伪善者所误解,还被士兵唾弃。

你知道伦勃朗是怎样画出《基督在厄玛邬》的吗?我知道。因为我就是他。

在画完那幅杰出的非基督教绘画《维纳斯的诞生》不久之后,桑德罗·波提切利为了平息事态,抚慰批评家,创作了一幅美丽的圣母像,画中环绕着歌唱的天使。乔治·艾略特❷提到曾有一些自作聪明的人摇着他们的头说:

---

❶ 英国女诗人。1845 年认识罗伯特·白朗宁。她的声誉主要来自恋爱期间所写的爱情诗《葡萄牙人十四行诗集》(1850)。

❷ 原名玛丽·安·克罗斯(Mary Ann Cross),英国小说家。

"这幅圣母像是某个虔诚的修道士画的——只有极度虔诚的人才能画出这么温柔、慈悲的女子。某些人想保住波提切利的名声,企图用这幅画将他从刚愎自用的路上拯救回来。"

波提切利和伦勃朗的生活很相似。在脾气和经历方面他们也差不多。波提切利和伦勃朗小时候都很迟钝、倔强、任性。他俩都因为智力缺陷而让老师和父母绝望。波提切利的父亲看到儿子在学校里没有进步,所以带他去金匠那里学手艺。这个小伙子为了显示出对父母的"敬意"而丢弃了他原来的姓"菲力佩皮",改用他的雇主的名字"波提切利"。伦勃朗的父亲认为他的儿子应当成为一个优秀的磨坊主,但他的理想未曾实现过。

波提切利和伦勃朗都是杰出的人。伦勃朗创作的画显示出了他旺盛的活力和生命力。波提切利的《三博士来朝》也表现出了他非同寻常的个性。这位男士像阿芝特克

➡《三博士来朝》(波提切利)

人一样健康，像悬崖居民一样强壮自立。他的下巴显示出了他的习惯和个性——阿芝特克人的牙齿是用来研磨谷物的内核的，只要他们一直研磨，就会拥有健康的牙齿，他们从不需要牙医。

波提切利具有宽阔、强壮的方形下巴，大鼻孔、厚嘴唇，两只大眼睛之间的间距很大。他的前额低斜，圆柱形的脖子从他的脊柱中直立出来。有这样的脖子的人能够"经受刑罚"——也能给予。这样的脖子千里挑一。

你见过奥利弗·戈德史密斯❶的面孔吗？下垂的头、后缩的下巴、鼓出的前额……啊！波提切利的面孔和他的正好相反。

大多数真正伟大的艺术家都是石器时代的人——高品质的人。米开朗基罗是较为单纯的人，而活了一个世纪（还差一年）的提香则是另一类人。达·芬奇❷是同样健康的野蛮人——不可思议的是他也具有侍臣般的高雅。弗朗茨·哈尔斯❸、凡·戴克❹、伦勃朗和波提切利都是具有英雄式的体格和较重的口胃的人。

波提切利和伦勃朗的个人历史是同步的，他们都在早年受到赞誉，变得富有。之后社会开始与他们作对，欢迎的浪潮开始消退。于是，一个用烈酒来增援自己的天分，另一个成为了宗教狂热分子。最终，他俩都在接街道上乞讨。他们的尸骨都埋葬在贫民的坟墓里。

---

❶ 爱尔兰裔英国散文作家、诗人、小说家和剧作家。
❷ 莱昂纳多·达·芬奇，文艺复兴时期的画家、雕塑家、美术家、建筑师、工程师、科学家。
❸ 荷兰画家。
❹ 佛兰德斯画家。他画了大量在英国史上具有重大影响力的人物肖像画。

➻《春》(波提切利)

　　罗斯金❶发掘出了波提切利（正如他发现了透纳一样），并将他引见给了拉斐尔前派成员，他们立刻为之倾倒。如果没有波提切利，历史上是否会出现伯恩·琼斯❷？这是个大问题。即使会出现，那也是另一个伯恩·琼斯了。这样就不可能存在具有柔和、忧郁的美的绘画，也不会有《春》。罗斯金一举起这幅画，拉斐尔前派的成员就会坐在画前欣赏。原始的"波提切利"在画中被找出来，"复活"并被"重构"。他的经纪人一直在欧洲刷新着作品的价格，两倍、三倍、四倍……到了1886年，波提切利的所有作品都在公共机构或者画廊里找到了家，诱人的黄金也不能移动它们。

　　耶鲁大学收集了一些不错的画，其中就有一幅"波提

---

❶ 英国艺术评论家。他的多卷本《现代画家》(1843–1860)，原计划是为维护 J.M.W.透纳而创作，后扩展为对艺术的总体考察。他在透纳那里看到风景画中"忠实于自然"的思想后，便开始在哥特建筑中寻找同样的真实性。著有《建筑艺术的七种源泉》(1849)、《威尼斯之石》(1851–1853)等。

❷ 英国画家、插画家和工艺设计师。其绘画仿中世纪浪漫主义作品，明显体现了前拉斐尔派兄弟会后期的风格。其绘画具有的独特的梦般的境界、浪漫主义的神秘色彩，则是受到意大利画家利比和波提切利的影响。他是莫里斯公司(1861年成立)的创办人之一。

切利"。虽然它不像乌菲兹美术馆的《王冠圣母》或者国家美术馆的《耶稣诞生》那么伟大，但也是一幅桑德罗·波提切利的画，货真价实。哈佛毕业生 J.摩根❶认为耶鲁的"波提切利"如果挂在剑桥的美术馆中花岗岩筑成的耐火墙面上看起来会更好，也更安全。因此他派了一名代理商去纽黑文购买这幅"波提切利"。这位代理商提价到五万、七十五万、一百万——回答仍然是"不"。然后他提出为耶鲁大学建造一座全新的美术馆，其中还有完美的画作，以此来交换那幅小的、已经褪色的"波提切利"。但交易最终没能达成。直到现在，耶鲁大学的墙上仍然挂着这幅画。一张小床被放在了这幅画的下面，看守人每天晚上都会梦见庚斯博罗❷所作的《德文郡公爵肖像画》被盗，消失了近四分之一个世纪，后被一位陆军上校帕特里克·西迪——慈善家和艺术之友抢救，卖给了机灵而又充满活力的 J.摩根。

不久之前，在艺术的天空中，有一颗耀眼的彗星划过。每一颗彗星都匆匆陨落，毁灭是它唯一的结局。奥勃利·比亚兹莱❸的作品上的每一根线条和每一条纹路都显现出了衰竭的迹象。这个人的天才是无法被否认的，他的性格使得他和济慈、雪莱、彭斯、肖邦以及克莱恩很像。他的名字和他们的永远连接在了一起。他一直遭受着罪恶和死亡的折磨。几个短暂的夏天过去了，秋天到来，带来了枯黄的叶子——他也去了。他留给我们的遗产是非凡的思想，这也正是他活着时唯一拥有的东西。

奥勃利·比亚兹莱的艺术是颓废艺术，而他的面容却

---

❶ 美国金融家，也是著名的艺术品收藏家，向纽约市大都会艺术博物馆捐赠了许多艺术品。
❷ 英国画家。
❸ 英国 19 世纪末著名的插画家。

非常具有吸引力。他眼中的秋波、笑着的嘴、女人般的脸上泛着的红晕，对我们来说是无法解读的谜——女人的灵魂是泥沼，心灵则是地狱。许多男人想要靠近她们，破解这道谜题。而我想出了一个更安全的计划，那就是在书本、艺术和想象中寻找答案。艺术向我们展示的是一个人可能已经拥有的或已经成为过去的东西。伯克❶说颓废吸引着我们，是因为我们总是庆幸自己不属于颓废之列。

不断增多的圣母像，说明了人们对于和平、信仰、希望、信赖与爱的渴望。人们试图将圣母玛利亚描绘成世间最美的、最高贵的、最神圣的人，她的身上集结了他们所知的所有善良女子心中的善以及他们自己心中的善。他们让她散发出"上帝的母亲"的光芒——妇女已经成为公正和信仰的符号。

有一位妇女，名叫露易丝·德拉瑞米，她说："女人是欲望的工具。"圣克里索斯托❷写道："她是恶魔用来引诱男人去他们的房间的圈套。"我并不接受这一古老的教条。也有古老的故事说，是女人与蛇的合作让原罪和悲伤来到了世间。也许我应该相信这个，让女人赢得荣誉，因为她们给予了男人智慧之树的果实——男人所能得到的最好的礼物。但是古老的教条一直被认为是真理，最深层的堕落听起来只属于女人。诗人、画家、雕塑家都曾选择用女人来代表人性最美好的一面。而当他们想表现人性最坏的一面时，也会让女人来做他们的模特。

如果想描绘一个人的邪恶，奥勃利·比亚兹莱已经给出了最现代的范本。在他看来，男人是动物，女人是野

---

❶ 英国(爱尔兰)政治家、思想家和演说家。
❷ 早期基督教教父、解经家、君士坦丁堡大主教。

兽。她甚至比野兽还坏——她是一个吸血鬼。吉卜林❶说女人是"破布和骨头以及一束头发"。这并不能为研究比亚兹莱那用简单的线条描绘出的图画提供线索。比亚兹莱笔下的女英雄能用极端的刺痛杀死男人，她恶毒、狡猾，小心翼翼地实施着计划，没有人能够发现，除了牺牲品——但他已经无法表达出来。

当你进入卢森堡的主雕像馆时，你会在房间对面的平台上看到一个男子的裸体像。他的姿势是英雄式的，强壮的体魄会一下子吸引你的注意。走近一些，你会看到，在男子的身后有一尊站着的女子的雕像。她略高一点，所以她靠在他的身上，她的脸转过去，嘴唇快要压到他身上了。你再靠近一点看，就会有一种恐怖的感觉掠过心头——这位女子美丽的胳膊的末端是多毛的爪子。她的爪子圈住这名男子，深入他的要害部位。他的表情恐惧而又痛苦，每一块肌肉都因为巨大的痛苦而绷得紧紧的。

↠ 表现莎乐美接受施洗者圣约翰的头颅的绘画

如果你在那里，可能也会像我一样，立刻转身离开，出去透气——大理石的可怕形态在这一刻让人感到害怕。

这就是给予伯恩·琼斯灵感，让他画出"吸血鬼"的那件雕塑。他的这幅画也促成了吉卜林的同名诗歌。

奥勃利·比亚兹莱醉心于吸血鬼——她是他唯一崇拜的神。

无疑莎乐美的故事吸引了他。莎乐美用虚伪的虔诚让比亚兹莱堕落了。他不敢让她出现在喜剧中，她是一位圣经人物。当然，他并没有指出这一事实。

---

❶ 英国小说家、诗人。于1907年获得诺贝尔文学奖。

你是否还记得这个故事？年轻强壮的施洗者圣约翰从荒原中走出，在耶路撒冷的街道上哭泣："忏悔啊！忏悔啊！"莎乐美听到了哭叫声。她用半睁开的猫一样的眼睛，从窗户里看到了半裸的年轻信徒。她笑了，躺在沙发上享受着慵懒、奢华的生活。她透过窗户注视着街上的这个教士。突然她有了一个想法！她举起手臂，唤来她的奴隶。

他们给她穿上华丽的长袍，梳起她的头发，在前面为她引路。

莎乐美跟着这位荒野来的、怪异、虔诚的信徒，穿过拥挤的人群，站在了这位男子的面前。这样她就能让他闻到她身上散发的香味，他也能看见她凹凸有致的身材。

他们对视了。她微笑着，抛给他一个眼神，那个眼神曾经让许多人的灵魂沦陷。但他只是冷淡地审视着她，然后继续哭泣："忏悔啊！忏悔啊！为了流逝的日子。"

她声音轻柔："我要吻你的嘴唇！"

他走开，她伸出手抓住他的衣服，反复说："我要吻你的嘴唇！我要吻你的嘴唇……"他走开了，继续哭泣着。

第二天她又伏击了这位年轻人。当他接近她的时候，她突然出现，以同样轻柔的声音说："我要吻你的嘴唇！"

他轻蔑地拒绝了她。她用手臂抱住他，让他的头向下靠近她。他用有力的双手推开她，像躲避瘟疫一样逃走了，消失在拥挤的人群里。

那一夜，她在希律·安提帕面前跳舞，他承诺她可以得到任何自己想要的东西。她指明要唯一厌恶她的男人的头颅——施洗者圣约翰的头！

一个小时后这个愿望得以实现。两名阉人站在莎乐美面前，举着盛放着可怕的东西的银盘。女人笑了——一种胜利的笑容。她走上前，骄傲的表情出现在化过妆的脸

➡《诽谤》（波提切利）

上。她伸出戴着珠宝的手，抓起沾有血污的头发。她举起头颅，手镯从她棕色裸露的手臂上滑到肩膀上，发出奇怪的声响。她的脸贴在死人的脸上，开心地说："我已经吻到你的嘴唇啦！"

波提切利最著名的作品《春》以前藏于佛罗伦萨学院。这幅画被很多人研究过，艺术家在世时就曾对它做出过解释，现在人们仍在对其进行研究。它所描绘的是卢克莱修的一段走廊。在艺术需要教堂的庇护的时候，诗性的画家们将他们不合潮流的作品命名为"苏珊娜和长老们"、"尤赖亚之妻"或"法老的女儿"。路加斯·范·莱登曾经画过一幅荷兰少妇的画，画中的少妇惊人的逼真。这招致了整个社区的非议，直到他将这幅画命名为《波提乏❶之妻》。

当大众对经典的口味开始被教化时，有了《琳达与天鹅》、《芙丽涅》、《最高法院和名妓的身体》、《海上的阿佛洛狄特》等作品，之后英国经历了艺术发展的巅峰。

---

❶ 基督教《圣经·创世记》中埃及法老的护卫长。

文学界中充满着朴素的伪装，例如《葡萄牙人十四行诗集》。罗伯特·白朗宁深谙此道，通过别人的嘴说出很多格言，因为他不想成为主导者。

波提切利是为高贵的罗伦佐❶画的《春》，这幅画放在梅迪契在卡斯特罗的住宅里。这幅应该被铭记的画展现了七位女神、飞翔的丘比特和一位年轻人。这位年轻人的身体比例极好。他冷漠地背对着稀世美人，伸出手去摘树上的果实。这位年轻人的相貌是波提切利和他的捐助人罗伦佐的相貌的结合。女士的形象来自于生命，代表了宫廷喜好的美。这幅画是有缺陷的，画中的几位人物的重心是不平衡的。这样的缺陷一定使得学过解剖学的艺术家的朋友达·芬奇震惊。《春》中蕴含着优雅和喜悦，它是一幅令人着迷的画。我们能够想象出四百年前它第一次展出时所产生的轰动效应。

画中有两个人物值得注意。其中一个正临产——这是一次大胆的尝试。这个人物似乎是贺加斯学院的——一所我们希望废弃的学院。

契马布埃和他的几个学生创作了玛丽访问伊丽莎白的现实画作，这其中反映出了较为风趣的、不能被冒犯的宗教热忱。冷静的荷兰人也让人意外地尝试了同一主题，并获得了成功。他们的冷静意味着宗教热忱对早期的意大利起了作用——我们原谅他们，因为他们选择了一个超越艺术的主题。

建造者和雕刻师弱化了波提切利原本很明确的意图，不过我们很容易就能看到结果是优雅、神圣的。画中的女性悲哀的眼神里充满了柔和和真实。这位人物在被画出的时候成为了不朽的历史。画中至少有两个人一定会让人感

---

❶ 佛罗伦萨政治家和文学艺术的赞助者，是梅迪契(科西莫)的孙子。

兴趣。画家在另一个人物身上融入了母性——披着花衣的那位。他已经冒犯了礼仪，世界的艺术感已经把他从名誉的名单里永久地剔除，让他被谴责。除了《蒙娜丽莎》以外，没有任何人物肖像画比《春》中的这位穿花衣的人受到更多的评论和模仿。

➡ 《西蒙奈塔夫人像》
（波提切利）

这张脸有一种特别的吸引力——高颧骨、窄额头。她额头上的条纹说明这不是一幅基于理想的素描，这是一位曾经真实地活过的女士的肖像。最特别的地方是她的眼睛。她用一种冷酷、平静、慎重、不知羞的眼神望着你。藏在她衣服的皱褶和卷曲的头发里的是一柄短剑——她可以立刻找到它。当她用大胆的眼睛看着你的时候，她就会找出你的弱点。在这位女士的脸上完全找不到惊讶、好奇、谦逊或激情，所有我们一贯称作是女性特质的东西都消失了。

《蒙娜丽莎》表现出的是无限的智慧，而这位女士表现出的只有狡猾。她的魅力是温暖的——年轻脉搏里散发出的那种诱惑力，年老后她会变成一个可憎的老太婆。她可能是博尔吉亚家族的成员，因为在波提切利的时代，博尔吉亚人担任教皇。波提切利很熟悉凯撒尔和他的教廷，他可以从这些人里任意挑选他的模特。罗斯金把这位邪恶的美人和马基雅弗利联系在一起，但是马基雅弗利的额头比她的美丽。马基雅弗利利用妇女，这位妇女只有一个野心，那就是利用并征服男人。她代表着自私自利——母性的本能，她的道德感已被恨所吞噬。当然在她那里，性并未消失，但那也是低贱的。她拥抱着自己的爱人，用胳膊圈着他的脖子，她会让他感觉到自己柔软的双手，她的爱也表现得无比热烈。仔细看就会发现她头发里正藏着一柄短剑。这幅画激发了奥勃利·比亚兹莱的灵感，让他成为了丑恶的信徒。

把比亚兹莱比作波提切利似乎是一种罪过。波提切利是一位艺术家，而比亚兹莱只是采用了涂鸦式的绘画手法。他的作品是粗糙、野蛮、不成熟的。他只是一段即将被尘封的历史。让这个简单的事实显示出它的价值吧！那就是比亚兹莱心中只有一位神——波提切利。比亚兹莱的大多数作品都是丑陋的，而波提切利的很多作品都是极其美丽的。

但是波提切利的所有作品里面都有一种忧郁的气息——一种沮丧的阴影。《春》是一幅伤心的画。所有健康、优雅的高个女孩脸上都泛着红晕。她们的面颊是空洞的，你会感觉到她们的美已经开始消褪，就像被太阳晒得过多的苹果将要落地了一样。

波提切利拥有真爱。本性上他是一个对爱非常虔诚的人。他所爱的那个女人，他画了一遍又一遍。悲伤的表情曾经出现在她苍白的脸上，但是她具有一种英勇的本性和柔顺的力量，还拥有至死不渝的爱。她忠于波提切利，波提切利也忠于她。四十年来，她一直在他的心中。他曾经试图用别人的形象来取代她，但从来没有成功过。他画的最后一幅圣母像同样有着一张沉思的、可爱的、宽容的脸——伤感而又骄傲，坚强但又柔弱。

在那如同珍宝般的作品里，桑德罗·波提切利是怎样在春天里看见了西蒙内塔？当时他有着一种怎样的心理状态？我相信这是无法用语言来表述的。

西蒙内塔来自贵族维斯普奇家庭，与高尚的洛伦佐的兄弟朱利亚诺订了婚。西蒙内塔身材高挑、相貌端庄——像维纳斯一样美丽，像朱诺一样骄傲，像密涅瓦一样充满智慧。她了解自己的美丽，也明白其他人能感觉到她的力量。

➹《持勋章的人》（波提切利）

在访问美第奇位于索莱的别墅时，她第一次见到了桑德罗·波提切利，那是一个在花园里举办的晚间酒会上。她听说过这个男人，也知道他的天分。当他们在树下突然碰面的时候,她注意到她的美丽让他震惊。他注视着她高挑的身材、优美的曲线以及她金黄色的头发。他们的眼睛相遇了。

这个男人首先是个艺术家。在他身上艺术本能是第一位的,然后他才是一个情人。

西蒙内塔发现他只是把她当作一个"主题"。她既高兴又生气。她也喜欢艺术,但是她更喜欢爱情——她是一个女人。他们分开后,西蒙内塔在心里比较了与她订婚的那个骄傲家族的后裔和她刚刚见过的这位上帝的贵族。朱利亚诺的言辞里充满了虚弱的奉承,这个人在第一次见到她的时候,说出惊讶的言语,几乎是无礼地对待了她。

她在心里斗争着,孤独地靠着一棵树,听着一位诗人单调地朗读柏拉图的书。她感觉到了波提切利的无私和伟大,她也了解了他的庄严和智慧,她内心充满着想要为他服务的愿望。当然,她不能够去爱他,社会的鸿沟已将他们分开。但是她不能以自己所拥有的美丽和权利来帮助他吗?这个世界会因此变得更美好。

"羞耻是无理性的愚人所认为的羞耻。"朗读者洪亮的声音传来。这句话在她的耳边回响。波提切利的心比他的肉身更伟大——她也是。她会为他摆好姿势,这样她就能将自己美丽的身体奉献给世界——美是永恒的!她的行为会被保佑并且有益于将要到来的世纪。她是最美的女人,而他是最优秀的艺术家。这是神赐的机会!她立刻转身,一路小跑去找这位画家。她发现他孤独地站立在一旁。她急切又热情地说着,害怕她的勇气会在让他知道她的愿望前就消失了。"哦,桑德罗先生,"她低声说,偷偷地四下看了看,"在佛罗伦萨有谁像我一样美丽?"

"没有人。"波提切利平静地回答道。

"我会是你的维纳斯,"她继续屏息说道——走得更近了一些,"你应该画一幅我从海上升起的画!"

第二天早上,在一家人起床前,波提切利就进入了西蒙内塔小姐的府邸。她正等着他,假装无意地靠在栏杆上,从头到脚都包着玫瑰色的斗篷。长袍的裙裾下露出脚趾。

不必说一个字。

波提切利放好画架,把他的画笔放在桌子上,环视房间,计算光线。

他让她站在某个点上。她摆好了姿势。他拿起画笔,在漫不经心地检查它的时候,她举起了手臂,长袍滑落在她的脚边。

波提切利看着她,这个高挑、美妙的身体在他面前发抖。清晨的阳光从窗户的格子间射进来,亲吻着她的头发、脸颊和肩膀。

那一瞬间,艺术家顿在了那里。然后他说:"神圣的处女!完美的线条!保持那个姿势,我请求你!一根头发、一丝呼吸都不要改变,不久你就永远是我的了!"

画笔在他颤抖的手上折断了。他抓起了另一只,以飞快的速度开始工作。这位女士用圆睁的眼睛望着他。她是激动的,她白皙的皮肤开始变成粉红色。她的脸变得苍白,她像芦苇一样摇摆。

她一直害怕地盯着艺术家。

啊,上帝!他真是佛罗伦萨具有最大的嘴巴的艺术家!她注意到他将头发从眼前甩开。她看到了他巨大的下颚、

➜《维纳斯与战神》(波提切利)

强壮的胸部和宽大的脚。他工作时显露出的惊叹表情让她觉得自己被轻视了。她在做什么？她是谁？为什么她会在这个人面前裸露自己的美丽？他甚至不和她说话！她只是一个东西吗？她站在那儿，感到有些眩晕。两滴大泪珠从她的脸颊上滑落。画家抬头一看，发现很多泪珠在她的眼睛里闪动。他注意到了她的悲伤。

他放下画笔，示意她休息。

不久之前，他应该叠起她的衣服，让她坐下——然后他们谈话，安慰彼此，相互理解、相互欣赏——就是那样！

现在太迟了——她恨他。

他提出让她再次展现自己。

她用手指了指门，让他走。

他匆匆地将自己的东西打包，没再看她，出了门。她听见他的脚步声回响在楼梯上。不久后，他出了栅格门。她看见他穿过庭院，消失了。他一直没有抬头看。

她倒在沙发上，把她的头埋在枕头里，开始大哭。

一周之后，波提切利听说西蒙内塔死去了——一次神秘的高烧夺走了她的生命。她拒绝吃任何食物，医生也无法理解。

让莫里斯·休利特来讲述剩下的故事吧：

他们抬着死去的西蒙内塔穿过佛罗伦萨的街道。她苍白的脸没有被遮蔽，她的头上戴着一顶花冠。人们聚集在那里，屏住呼吸，或者看着这个仍旧可爱的人哭泣。她的嘴角带着一丝微笑，眼皮沉重地合着，呈现出苍紫罗兰色。她像新娘一样穿着白色的衣服，捧着橘黄色的鲜花束，喉咙上放着丁香花。她躺在床上，具有所有死者都会有的那种奇怪的高傲和专注的表情。她的头发就像在燃烧的火炉中融化的铜一般贴着她的脑袋。

庞大的队伍向前行进着。具有慈悲之心的同道兄弟们庄严地为她穿上寿衣,给床钻孔,或是在队伍前面举着火把,让光亮在前方闪耀。

圣十字教堂——最大的教堂,出现在远方的灰色薄雾和阴冷的光亮之中。棺椁像地下室一样潮湿。她躺在里面,面带微笑,看起来似乎有某种神秘的喜悦感。围绕着她的是燃烧着的闪耀的蜡烛,众人在高高的主祭台上为她灵魂的安息而歌唱。波提切利孤独地站着,面对着闪着光的圣坛,紧盯着躺下的西蒙内塔。他的脸苍白而又枯槁,眼睛刺痛、嘴唇干燥。这就是结局吗?可能吗?我的上帝!这个透明的、神秘的人躺在那里,如此苍白,她已经去世了吗?啊!甜蜜的小姐,亲爱的心,她是多么疲惫啊!从他站着的地方,可以看见她忧郁的眼睛和紫罗兰色的嘴唇。他带着难以忍受的痛苦看着她合着的双手。她的脚笔直地平放着。她可怜的苍白的脸上有着令人留恋和同情的表情。她像在做最后的祈求:"现在离开我,哦,佛罗伦萨人,让我休息吧。"可怜的孩子!可怜的孩子!波提切利跪下来,将他的脸放在讲道台上,他祈祷时的泪水流过他的指尖。

他认识她的时候,正是一个画家。在这个寒冷的世界里生命开始的地方,他让她进入了他的画。灰色的、半透明的海洋包围着一条小溪。水

➷《玛尼菲卡特的圣母》
(波提切利)

边的长春花和薰衣草都沉浸在黎明的静谧中。这是他给我们的灰绿色和蓝色的梦。他用自己的魔法显示出了另一个世界。男人和女人都在沉睡，早晨的散步会使得你惊扰他们身旁的野兔。你也会看见黑夜的生物——猫头鹰、夜鹰和笨重的飞蛾，它们以奇异的方式掠过让人熟悉的场景。你会突然为自然的神秘而感到震惊。你进入了她的秘密深处，你抓住了四月的森林的精神，它滑过牧场进入了灌木丛。那正是波提切利所拥有的财富——他在一个合适的时机抓住了她。他看见了甜美的野外，纯洁白皙，没有被泥土碰过。在她发光前，他就已经抓住了她孕育生命的那一刻。丰满的果园女神会给她穿上玫瑰色的衣服，让她看上去就像银莲花一般。她会消失在水仙花或是紫罗兰的花丛中。她出现在长春花的沙沙声，或者松树上鸽子的咕咕声中。你会在泥土的气息中或是在西风的亲吻中感觉到她。但是你只能在四月中旬见到她，那时你可以在海上寻找她。她总是随着一年中的第一股暖流到来。每天，在画画之前，波提切利都会在圣十字区的一个黑暗的教堂里跪下，牧师会为西蒙内塔布道，以让她的灵魂安息。

乔治·艾略特从奢侈的美第奇家族那里瞥见了佛罗伦萨的艺术生活，她因此学习了意大利文学和历史。法·安吉利科、法·利波·里皮和法·吉罗拉莫·萨沃那柔拉深深地刻在了她心里。

就像带着《大理石农牧神》去罗马一样，你可以带着《罗莫拉》去佛罗伦萨。《罗莫拉》会使得历史再次鲜活，在你眼前重现。故事是高度的艺术，从序言的第一句话开始你就能看到缓慢的死亡。你读完这一卷之后，就会永远成为圣马可广场上盘旋的烟。从广场的大门里你会看见一个身着黑袍和斗篷的小男人。他有着令人反感的鹰钩鼻，下唇突出，黑色的皮肤也很粗糙。这个男人因为自己的平静和沉默而颇具诱惑力。他的言辞是蝎子的尾巴，会刺痛他的敌人直到他们对他保持沉默。作为对那些被他催眠了的人的警告，他的敌人在广场上焚烧了他蜷缩着的身体，正如他曾经焚烧他们的书和画一样。

桑德罗·波提切利创作了淫荡的美、丑陋的诱惑和有罪的灵魂，他宣布放弃一切，去跟随圣马可的修道士——淫荡和禁欲最终都一样。当队列在市政广场上行进时，他看见那里有堆得很高的柴木。他远远地站着，心里极其痛苦。火焰给东方的天空镀上了金边。他痛苦并不是因为曾经珍惜的朋友——不，而是因为他自己。不值得去殉难的想法充斥着他的大脑——他曾在关键时刻堕落。曾经卑贱又胆怯的他拯救了自己，也拯救了他所失去的一切。对一个人来说，丢失自尊是唯一的灾难。桑德罗·波提切利没能够赢得他的另一半的赞许——这是失败，不是别的。他本可以插上胜利的翅膀，把他的灵魂献给上帝，光荣地成为祂的伴侣，但是现在太迟了——已经太迟了！

从这时起他停止了生活——他仅仅是存在着。他的灵魂中偶尔会有阳光闪烁，但他无力的手拒绝了大脑的命令。他依靠拐杖支撑，手里拿着帽子，在教堂门口祈求施舍。有时候他会大胆地告诉人们圣坛上或者墙上美丽的画是他的作品。他的听众会大笑，让他重复他的话，然后其他人也会嘲笑他。他一直这样煎熬着。对他来说，画过《春》之后，到来的就只有寒冷的冬了。直到死亡仁慈地向他伸出了冰冷的手，他才归于平静。

THORWALDSEN

托尔瓦森

看码头边巡航的船只！丹麦国旗在飞扬，工人们在阴凉处围圈而坐，吃着他们简单的早餐。最前面的这个人是这幅画里最主要的人物。这个男孩在为船头雕刻创新而又逼真的木质雕像。它是船舰的守护神，作为出自艾伯特·托尔瓦森之手的第一个肖像，它将驶向茫茫世间。大海将为它洗礼，用它那海浪围成的湿润的花圈环绕着它。没有黑夜，没有暴风雨，没有冰山，没有暗礁会将它引向死亡。因为善良的天使保护着这个男孩，也保护着船只。他已经用木槌和凿子为这艘船刻上了记号。

——汉斯·克里斯蒂安·安徒生

➡ 汉斯·克里斯蒂安·安徒生肖像

真正有效率的传记作家在文章开始的时候的叙述会是，当主人公"第一次看见光"的时候——意思是当他出生的时候。在这个例子之外，我们还是要稍微再往回倒一点，讲述一下托尔瓦森的一位先祖，他于 1007 年出生于罗德岛州，拥有很少的财产。

具备诡辩癖好的人不能够区分事实与真理，他们可能会说在 1007 年并无罗德岛州。爱默生写道："不能因为一件东西很小，就认为它就不重要。"因此我也会说，在 1007 年，罗德岛州就处于现在的位置上。就让波塔基特抗议、让普罗维登斯咬大拇指吧——我不会撤回这一陈述！

约 1815 年，罗德岛州历史学会部长写信给托尔瓦森，通知他，他已被选为学会的荣誉会员，因为他是唯一可靠的、第一个在美国出生的欧洲人。托尔瓦森回信表达了他对所获荣誉的欣喜之情。他曾经因为自己的成就而被各种学会选为会员，但这是第一次因为他的祖先而得到荣誉。他对一位朋友说："如果不是因为家族谱系学家，我们怎样才能知道自己是谁，从哪里来呢？"现在在哈佛大学图书馆，以及其他图书馆里，我们都能找到托尔瓦森家族谱系表。在1006年，一位冰岛的捕鲸者瑟芬尼，曾命令一艘船穿过宽广的大西洋，沿着新英格兰海岸航行。瑟芬尼在罗德岛州的一个小海湾里过冬，又在芒特霍普湾度过了冬天，他在那里居住过的痕迹直到今天还能找到。

当印第安人看到了哥伦布的船时，他们哭道："哎，我们被发现了！"这是在更早的时期发生的事情，如同马克·吐温的喜剧一般。瑟芬尼和他坚强的同伴并不是为了冒险而穿过大西洋，他们习惯于带上自己的家庭，就像是出去野餐一样。命运要求格德里德——瑟芬尼的好妻子，于1007年，在罗德岛的芒特霍普湾生一个儿子。他们给这个孩子取名为斯诺姆。于是，托尔瓦森的家谱又追溯到了美国人斯诺姆。在有关冰岛人传说的一次演讲中，我曾听威廉·莫里斯说所有真正值得尊敬的冰岛人都可以将他们的谱系追溯到一位国王身上——很多人的祖先都是神。托尔瓦森则两者兼具——他的祖先可以追溯到丹麦国王哈罗德·赫尔德斯坦。在几位老妈妈的帮助下，也可以追溯到托尔神。他对神话的爱好是一种返祖现象。在孩提时代，善良的老伯母经常给他讲，托尔神是怎样站在大地上，用他的铁锤砸开山脉的。在世界开始、托尔神出现时，他的第一位祖先出世了。所以，家族的名字是托尔-瓦德（Thor-vald）。后缀"森"（sen），或"儿子"（son），意思是他是托尔-瓦德的儿子。从某种程度上说，这个名字的产生是有规律可循的，像罗伯森、帕金森、彼得森、艾伯森，还有托尔瓦森一样。

➹ 青年时期的托尔瓦森

　　本性强大的人对追溯谱系的俗人抱之以一笑——这是一种无害的消遣，在终点也没有竞争。但另一方面，所有像托尔瓦森这样教授宇宙意识的人，会认识到他们神圣的为人之子的身份。这样的人知道他们的足迹曾被凿刻在花岗岩上。那种维持地球运转、引导行星运动的力量，也激发了他们的思想，为他们指引了方向。他们知道自己是构成整体必需的部分。小人物是地方性的，中等人物是世界性的，而大人物则是宇宙性的。

　　两座岛、一座城市和公海具有了作为贝特尔·托尔瓦森的出生之地的荣誉。按照权威的说法，他的生日不是很确定,在 1770 年至 1773 年之间——任你选择。他的父亲是冰岛人,曾经因为工作,一路奔波到了哥本哈根,在一家造船厂当木雕师。他的职责是按照别人的设计雕刻出精美的船头雕饰。哥特沙克·托尔瓦森从来不想改进模型,或改变它,或者塑造具有个人特色的船头雕饰。北部的寒冷冻结了他血管中的任何一点雄心。设计船头雕饰这样的活只能由那些上过大学的人来做,那些会读书写字的人!他日复一日地连续工作,再加上家中女主人富有远见而且非常节俭,所以他们从不欠债,按时缴纳什一教区税,过着还算体面的生活。

小贝特尔记得像辟果提[1]家一样,他们也住在海滩上一个简陋的废弃的运河船中。贝特尔从造船厂搬出木刨花和木片,把它们堆在"房子"里,用做燃料。一天夜里,潮水毫无征兆地涌起,把这些木刨花和木片都带走了。大海如此贪婪,总是派潮水来卷走物品。对于贫穷的木雕师和他的妻子来说,失去过冬用的燃料是巨大的损失。因此他们打了小贝特尔,因为他没有把木刨花和木片堆放在轮船的甲板上,而是将它们放在了流沙上。

这对小贝特尔来说是第一次重大事件。他后来也遇到过其他一些事情,但他从未忘记这个痛苦的夜晚,以及丢失木刨花和木片的内疚感。

几周之后,另一次涨潮来临,潮水包围在船周围,拍打、嗅闻、叹息,好像它想把它打散,把老工匠和他们一家带进海里。小贝特尔希望潮水能够将他带走,因为离开所有人和事是美好的——在海里捡不到木片。他的母亲可以用被子做主帆,而他可以用他的衬衣做三角帆,他们可

---

[1] 狄更斯小说《大卫·科波菲尔》(David Copperfield)中女仆人的名字,她生在渔民之家。

→ 托尔瓦森美术馆

以航行到美国去——或者别的地方。

恐怕他的这个梦想是不能实现了。哥特沙克·托尔瓦森和妻子讨论了当下的情况，决定在这艘船陷入暗藏的泥沙之前放弃它。他们全家搬到了一条小路上的一所小房子里，距离造船厂半英里——对于搬运木片来说这个距离非常远。

小贝特尔生命中的第二个灾难在他八岁时降临。他与他的几个伙伴正在国王集市上玩耍，那里有一尊查尔斯十二世的骑马雕像。

孩子们爬上了基座，在那儿打闹。后来，他们让小贝特尔爬到马背上，坐在这位尊贵的骑士后面。几个比他大一点的孩子都来帮他，他最终骑在了马上。他的伙伴们一哄而散，把他一个人留在了那么危险的位置上。正在那时，无情的命运让一队宪兵经过，他们正在找寻叛乱、抗命和违法的气息。他们发现小贝特尔泪汪汪地抓着尊贵的查尔斯十二世，离地十二英尺高。他们立刻就把小家伙抓到了警察局，他们每个人都紧紧地拧着他的脖子。

维克多·雨果曾说："法律跟不上恶，也找不到它，它已经代替了美德。"

一位戴着可怕的假发的法官凶狠地警告说："不许再这样做。"除此以外，这个男孩在家里——因为他的善，

→ 老年时期的托尔瓦森

遭到了鞭打。他的父亲刚开始解释说被迫惩罚自己的儿子是非常痛苦的事情。儿子主动原谅了他的父亲，但这使得这个小家伙得到了十倍的鞭打。

好几年以后，在罗马，托尔瓦森告诉了安徒生，他在哥本哈根因骑在青铜马上被抓到，以及戴假发的法官的可怕斥责。

"现在老实说，我不会再告诉别人。"托尔瓦森说。安徒生狡黠地眨了眨他蓝色的眼睛："你曾经告诉过别人你犯的错吗？"

托尔瓦森接着说："既然你保证不泄露，我得承认，在我犯错骑了那匹马的四十三年之后，我在一个午夜偶尔经过国王集市。那时我刚参加完一个小型的集会，独自走在回家的路上。我在微弱的月光下看到了大马和骑士。我又想起了自己是怎样骑到马背上，又是如何被愤怒的士兵拽下来的。我想起了法官的警告，就好像如果我再做一次，什么事情就一定会发生一样。我飞快地脱掉了衣服和帽子，爬上了底座。我抓住这位王室贵族的腿，在他后面摇晃着。我在那儿坐了五分钟，在精神上对抗了国家，还咒骂了坏透了的宪兵，特别是哥本哈根的宪兵。"

我很尊敬孩子。大街上脏的、衣衫褴褛的、头发蓬乱的孩子常常对我有一种特殊的吸引力。一个男孩是茧子里面的男子汉——你不知道他以后会怎样。他的生命力足够强大，充满着无限的可能性。

他可能成就或毁灭君主，挑战国家之间的边界线，写作出人物的性格，或者发明变革世界经济的机器。每一个男子汉都曾是一个孩子——我想我没有自相矛盾，真的是这样。你何不让时间倒流，看看亚伯拉罕·林肯十二岁的时候，是不是从来没有机会穿靴子？——这个柔弱、消瘦、饥渴、脸色蜡黄的孩子渴望爱。为了求知，他徒步穿过森林，走二十英里去借书，在燃烧的木头的光芒前蜷缩着阅读。

还有那个科西嘉男孩，他是他优秀的兄弟中的一个。十岁的时候，他的体重只有五十五磅，瘦弱、苍白、倔强、好发怒，经常没吃晚饭就上床睡觉，或者被锁在黑暗的小房间里——因为他不会"介意"！谁能想到他会在二十六岁时掌控国家战争的每个阶段？当被告知法国国库处在极度的混乱中时，他会说："财政？我会处理它！"

我清楚地记得，一个蹲着的长满雀斑的男孩，生于"斑点"之中。他经常在水牛城的铁道上，沿着铁路捡拾煤渣。几个月前我想在上诉的法院陈词。从"斑点"中来的男孩就是法官，他写下了我的意见，准许了我的请愿。

昨天我骑马穿过一片土地，那儿有个男孩在犁地。这位少年的头发从他的帽子上面突出来，一条背带挂起了他的裤子。他瘦骨嶙峋，显得很笨拙。他光着的腿和手臂都是褐色的，被晒得很黑，还有伤痕。在我经过时，他调转了自己的马。在摇摆的帽檐下面，他用黑色的害羞的眼睛飞快地瞥了我一眼，礼貌地回应我的致意。当他转过身去时，我脱下了帽子，为他留下了寄语："上帝保佑你！"

谁知道呢？也许我以后会向这个男孩借钱，或者听他讲道，或者请求他在一场官司中为我辩护；或者当椎体安放在我脸上，黑夜和死亡爬上我的脉搏时，他也许正安静地站着，光着手臂，穿着白色的围裙，准备履行他的职责。对男孩们耐心些——你是在对待灵魂，命运就在转角处等待。对男孩们耐心点！

贝特尔·托尔瓦森十四岁。他苍白而又苗条，有着尖下巴和直鼻子。他的头发的颜色是太阳晒后的亚麻色。他的眼睛很大，分得很开，呈现出明亮的蓝色。他带着一种惆怅和忧郁，静静地看着这个世界。他帮助父亲雕刻出了最好的船头雕饰，引领着轮船穿过陌生的大海，给船主人带来了好运。

"像这样的男孩子应该去学校学习设计。"一天，一位船东说。在他工作的地方，他见过这个少年。哥特沙克怀疑地摇了摇头："我只是一个要养家的穷人。养家的成本这么高，我怎么能让孩子不工作呢？是啊！我何不自己教他谋生的本领呢？"

但是船东摸出了他的表，坚持要考验这个男孩。他让男孩和他的设计师们一起工作。他也对这位父亲妥协了，说只让贝特尔每次去学校半天时间。

在学校里，有一位老师记住了贝特尔。因为当他趴在桌子上时，他长长的金色的头发在他眼睛前面垂下来——除了绘画和制作黏土模型，他其他的课业都成绩平平。某一天，报纸上报道说一位名叫托尔瓦森的年轻人被授予了黏土模型奖金。

"那是你的兄弟吗？"第二天老师问道。"那就是我，先生。"男孩回答，脸红到了金黄色的发根。

老师咳嗽了两声，以掩盖他的惊讶。他总以为这个男孩一事无成。"托尔瓦森先生，"他严厉地说，"请你通过一年级的考试！称你为'先生'意味着你的确是某个人物。""他称呼我为'先生'！"那个晚上贝特尔对他的母亲说，"他称呼我为'先生'！"

这个时期，画家阿比德高对年轻的贝特尔颇感兴趣。他教授他绘画课程，鼓励他做模型。事实上，托尔瓦森自己解释说，他这一时期所有"原创的"设计都是源自阿比德高。阿比德高对这个男孩的兴趣让男孩的父母颇为不快，他们担心他们的儿子会变得自高自大。阿比德高在这一时期留下了一份记录，里面说托尔瓦森非常沉默寡言，看起来并无雄心。他喜欢拖延每一项任务，经常逃避任务直到被反复提醒。但一旦他开始做，就会像着了魔一样完全投入，一个小时内就能完成它。这向阿比德高证明了贝特尔的某些个人特质。在阿比德高的内心深处，他总相信这个睡着的少年有一天会从沉睡中醒来。

好几年后，阿比德高还常说："我原来跟你是怎么说的？"哥特沙克的雕刻是按件领取工资的。他现在收入更高了，因为他的雇主觉得他做得更好了。贝特尔一直在帮他。这个家也变得兴旺起来。

贝特尔还在沉睡中。充满艺术气息的哥本哈根给予了他所有的关于黏土模型和素描的奖励，这让他获得了安逸感。他带着三年的旅行奖学金准备去罗马。这笔奖金非常关键。年轻人似乎并未努力就能工作得很好。但不幸的是，他缺乏基本的教育。更糟糕的是，他看起来也不想学习。

➹《牧羊的男孩》（托尔瓦森）

他坐上"西蒂斯"号轮船前往罗马时，刚刚二十六岁。他四年前就赢得了奖学金，但是他不看重这件事，再加上官僚主义的耽搁，这件事就被延缓下来。如果不是阿比德高大声地说："去！"这件事很可能就会无疾而终了。

贝特尔上船是对别人的一种施舍——应船东的要求。他被寄予厚望，他们都认为他会是有用的人才。但是船长评论他说："年轻的托尔瓦森是我所见过的最懒的人。"轮船走的是贸易航线，沿着弯弯曲曲的海岸线绕行，在很多港口停泊。所以九个月过去后，贝特尔·托尔瓦森才到达那个传说中的永恒之城。

"我出生于1797年3月8日。"贝特尔·托尔瓦森常这样说。那是他到达罗马的日期。雕塑家安东尼·卡诺瓦当时正广受欢迎。托尔瓦森的第一个业绩是为詹森塑像做了模型，受到了卡诺瓦的高度赞扬。随后，他受雇于一位英国艺术赞助商，为其雕刻大理石像。从这时起，托尔瓦森才算是取得了真正的成功。

他的奖学金只为他提供了三年的费用。但是当他再次见到自己童年时期的家时，二十三年的时光已经飞逝了——至于他的父母，他则是最后一次看到他们睁着的眼睛了。

灵魂经历了剧痛和悸动，突飞猛进地成长。一道闪光，还有光荣显现！照亮了过去在黑暗中摸索了那么多年的人。托尔瓦森把他到达罗马的那一天当作是他的生日！这是世界第一次在他面前显露出来。在航行途中，"西蒂斯"号的船长曾教他意大利语，来为他到罗马生活做准备。但年轻的雕刻家并不感兴趣。他在船上的几个月里，可能已经掌握了这种语言。当他站在圣彼得的面前时，他意识到自己所行走的这条街道也曾被米开朗基罗踩踏过。他只能说"水手的拉丁语"，混杂着丹麦语、瑞典语、挪威语和冰岛语。他为自己所浪费的时间感到愧疚。在力所不能及的时候，他觉得自己被彻底压垮了。

当然，在接下来的几年里，他都过得舒适而富足。静默的冬天为春天准备着土壤。托尔瓦森在罗马的头几个星期里的无价值感和不满足感中仍然孕育着希望。

古老的罗马对他而言是一个新世界。他不懂神话，不懂历史，只看过很少的几本书。他开始渴望知识，并拼命地汲取它。小人物用汗水和烟灯慢慢学习，而另一些人则是迅速而大量地读书。

这位维京好汉的金发后裔经历了惯常的人生初级阶段的奋斗。有一种既有的惯例，那就是要给年轻人压力。托尔瓦森不停地忙碌着——读书、学习、画素描、做模型。为富有的商人们复制绘画作品帮助他解决了经济问题——那些商人们就是靠雇佣天才学徒来做生意的。

→《复活的耶稣像》
（托尔瓦森）

　　几年后，托尔瓦森的作品填满了弗拉克斯曼的工作室——甚至比这位强人的作品所占的地方还要多。托尔瓦森复制了上百幅弗拉克斯曼的作品。一位的作品精细而又优雅，另一位的则颇具英雄主义的风格——他们都在希腊找到了灵感。

　　托尔瓦森不是一个伟大的原创性的天才。他缺乏像米开朗基罗那样的独立的素质，也不会设计阁楼。他如女子

➢《耶稣和他的圣徒们》
（托尔瓦森）

一般善于容人，总是基于已有的东西来创作。他走的是最简单的路线——成为新教徒的朋友，也创作类似的、归属于天主教的作品。他赢得了教皇的认同。教皇断言："托尔瓦森是一个虔诚的天主教徒，只是他自己不知道而已。"托尔瓦森的作品避开所有的派系，带着自己的意志。他可能成为一位优秀的外交家——但他已经是不错的艺术家了。

他到达罗马后不久，在他的一位朋友，批评家和赞助人芝伽位于乡下的房子里，他见到了一位年轻的女士，她注定是对他的生活有深远的影响的人。安娜·玛利亚·马格娜尼是小姐的贴身侍女，并管理芝伽的家政。她是一位美丽的女士，有着黑色的、明亮的、闪烁的眼睛，乌黑的头发就像鸟的翅膀。她是一个温暖而又真实的女人，太阳也亲吻着她。

年轻的雕塑家和这位小姐在草地的乡村集会上跳舞。她不会说丹麦语，他的意大利语说得也很一般，但是他们手握着手，能够理解彼此。她自愿教他意大利语。他们之间进展得很顺利，之后她给他当模特。

在艺术家的生命里，偶然性事件会在多大程度上影响他们的未来呢？从精神和意识的层面上分析，年轻的雕塑家和这位小姐生活于不同的世界中。冷静下来思考，他们都明白这一点。他们的处境很像歌德和克莉丝汀·伍碧斯。只是克莉丝汀小姐在渴望社会地位的时候，也会对一些事情做出反抗。托尔瓦森知道，如果她成为他的妻子，她就会是永远的、真正的负担。他想要摆脱她对他的约束。有一位富有而又有社会地位的男人来向她求婚。托尔瓦森赞同他们的结合，还促成了婚事。但是当那个男人真的与她结婚，并把她带走后，他为此大病了一场——他的心并不如他所想象的那样坚硬。跟其他人一样，托尔瓦森也发现那条纽带并不容易剪断。

安娜觉得她爱这个和她结了婚的男人，至少她相信她可以学着爱他。然而，六个月的婚姻生活之后，她收拾行李，回到了罗马，宣称虽然她的丈夫很善良，对她也很好，但她仍然甘当托尔瓦森的奴隶和仆人，而不做世上任何其他人的妻子。雕塑家无心再赶走她。她的意志比他的道德感更强。也许他也很高兴她回来！受伤的丈夫追来，安娜举起一把珍珠手柄的匕首警告他离开。她也用同样的方式赶走了托尔瓦森身边的女人。

托尔瓦森从未结婚，无可置疑，他与麦肯齐小姐有婚约。她是一位非常好的英国小姐，但她被安娜和她的珍珠手柄匕首否决了。

安娜和托尔瓦森育有一个孩子——是一个女孩，在法律上，托尔瓦森承认她是他的女儿。几年后，他的事业发展很顺利，他在哥本哈根银行里有一笔两万美元的存款。按照规定，只要他批准，她就能得到利息。

而拜伦的女儿爱兰哥娜就不一样了。同一年，她出生在离托尔瓦森的女儿的出生地不到几公里的地方。她在很小的时候就死去了，在哈罗她的坟墓上，诗人刻下让人感动的诗句:"我将走向她,但她却不会回到我身边了。"托尔瓦森的女儿长大了,拥有幸福的婚姻生活,还生了一个儿子。这个儿子成为了艺术家,取得了了不起的成就。雕刻家的好运伴随着他,甚至在工作伤害了大多数艺术家的身体的时候,他的笑容还是击溃了复仇女神。

每天都有许多访客来到托尔瓦森的工作室。一间普通的接待室里放着他的作品,以及一些新奇的艺术品。他的仆人接待访客,把他们安置在家里,非常抱歉地解释说他的主人"不在家"、"出了城"等等。而托尔瓦森则就在后面的屋子里努力工作,只接待一定的来访者。巴伐利亚国王在精神上是一位天才的艺术家,他在罗马待了很长时间,对托尔瓦森赞赏有加。一天,雕刻家正在工作,他走进画室,在托尔瓦森的脖子上挂上了一条名为"指挥官十字"的金链子,那是一项之前只给予优秀的军队指挥官的奖励。

路易斯国王不太按国王的常理行事,他常常经过工作室,召见托尔瓦森,叫他出去散步,或驾车、骑马和用餐。

"我希望国王可以离开,回到自己的统治之道上

➪《海洋丘比特》(托尔瓦森)

去——我有工作要做。"雕刻家常常不耐烦地叫道。

妒忌的批评家们说，在罗马有十个人做的模型和托尔瓦森做的一样好。"但他们没有垂肩的金色长发和诱惑女人的蓝眼睛。"

事实是托尔瓦森的形象并不符合社会上出众的男子的品貌。他有着英俊的面孔、漂亮的身材以及优雅的仪态，因此赢得了众人的心。他羞怯和沉默的习惯是否是自然的？他是如何在艺术上获得成功的？这些都是谜题，永远也找不到答案。

他是每一个沙龙里的宠儿。他能够在正确的时间做正确的事情，不必有所准备，这让他很受欢迎。比如说，如果他参加巴伐利亚国王的宴会，他会只戴一件装饰品——属于巴伐利亚的装饰品。如果参加法国大使馆的舞会，他就会在端庄的黑丝绒外衣翻领上戴一条红色丝巾，以示军队的荣誉。当他前往俄罗斯大公夫人海伦娜的别墅访问时，他只戴着沙皇赠予他的由钻石镶嵌的星形装饰，而不佩戴别的珠宝。在参加"英国侨民"为沃尔特·斯科特先生举办的招待会时，伟大的雕塑家会在他的西服的翻领上佩戴一朵盛开的蓟花。埃尔金勋爵提出，如果奥康内尔出现在罗马，托尔瓦森会在自己的帽子上别上三叶草，并保持沉默。这朵蓟花引起了沃尔特先生的注意，第二天他就前去拜访了雕刻家。他看见画架的顶上挂着一顶苏格兰圆扁帽，还有一条格子围巾随意地放在画架下的角落里。诗人与雕刻家拥抱了，拍着彼此的后背，互称为"兄弟"，友善地笑着。托尔瓦森不会说英语，沃尔特先生也不会别的语言。他们只是笑着，说着一些单词，比如"英雄"、"珍贵的"、"普莱喜"、"很高兴"、"了不起"、"高贵的"等等。然后他们又拥抱了，挥手再见。

比起沃尔特先生，托尔瓦森拥有更多的奖章、学位和爵位，但他并不在自己的名字前面加上称谓。丹麦、俄罗斯、德国、意大利、法国和罗马都争着授予他荣誉。所有这些装饰性的"小东西",他都保存在一个专门的箱子里,在有女性访问者的时候不经意地打开。"女孩子们喜欢这些东西。"托尔瓦森羞怯地笑笑。

雪莱去了托尔瓦森的工作室,他说这位大师有点装模作样。拜伦也去了,他坐下来让托尔瓦森给他画肖像画,现在这幅作品收藏于剑桥。艺术家都想用愉快的谈话来让忧郁的模特表现得不那么忧郁。但《唐璜》的作者并不快乐。当作品完成,并被展示给他看时,他失望地说:"我应该比画上的人看起来更忧郁。"

托尔瓦森还是一位不错的音乐家。在他的工作室里面一直有一架钢琴,他经常在休息的时候弹琴。

费利克斯·门德尔松在罗马的时候,把雕刻家的工作室当作他的总部。有时候他俩会"四手联弹",或者托尔瓦森用他的小提琴为"无言之歌"伴奏。

"选定访客"逐渐增多。能看到大师的工作被视为是大开眼界。慢慢地,托尔瓦森能够继续自己的工作,同时又可以接待朋友。

他正在工作!没有比这更好的了。我曾见过很多人,他们看上去粗俗、平凡,"盛装"时显得很笨拙,但是他们在工作的时候则容光焕发。我曾见奥古斯都·圣高登斯穿着宽松的工作裤,上面还沾有石灰。他站在扶梯上,为一尊骑马雕像而辛勤工作。除了手头上的工作,他忘记了一切。他醉心于一种观念,因而像疯子一般工作,只为将这个观念实体化。这幅画面让我震憾!那个时刻,罕见的、难忘的震憾会成为一个人最深刻的记忆。

赢得进入托尔瓦森工作室的机会是一件值得夸耀的事。骄傲的小姐们计划着如何进入,其中一些人还试图贿赂托尔瓦森忠实的仆人,但是大门客气地对她们关上了。就连仆人的头衔和地位都是让人敬畏的。

→《加尼米德和鹰》
（托尔瓦森）

有一天，男仆小声说："帕尔马公爵夫人进来了，现在她就站在你身后！"

托尔瓦森不能让她一直站在那儿。他转过身，弯下腰，看到了一个矮胖的人，穿着有些考究。这位小姐唐突地说她曾定做一尊她自己的雕像，或者至少是一尊半身像。她似乎认定了托尔瓦森肯定会为她塑像。艺术家飞快地看了她一眼，他注意到岁月已经在这位小姐的身上添加了一些典型的线条。他想拒绝这个委托，于是他说："我很荣幸！但不巧的是，我非常忙。""我丈夫也想要一尊，"小姐继续说着，"还有我儿子，以及冠名为罗马国王的人，我想他对你而言并不陌生！"

一阵刺骨的冬风扫过托尔瓦森的心头，在他面前的这位奇怪的、鲁莽的夫人正是玛丽亚·路易莎——拿破仑的第二任妻子。他了解她的历史：十九岁时嫁给拿破仑，二十岁时生了爱格隆。拿破仑在圣赫勒拿岛去世的消息一传来，她就匆匆地、不合时宜地与小人物奈伯格伯爵再婚。此前她

➡《摩西》(托尔瓦森)

也一直与他保持着暧昧关系,现在她又生养了一窝无名小卒!艺术家在这位曾与天才结合,后又降低身份的王室女人面前感到有点头晕——他找了个借口,离开了房间。

托尔瓦森生性崇拜英雄,对拿破仑的记忆在他的脑海里升起。无须说,他不会为哈布斯堡王朝的玛丽亚·路易莎塑像。但是她的访问激发了他,使得他想为拿破仑塑一尊半身像。这个愿望促使我们今天看到了英雄的雕像。

此后,托尔瓦森为洛伊希滕贝格公爵设计了一座纪念碑,他是约瑟芬皇后之子,尤金·德·博阿尔内。

时间飞逝,奈伯格伯爵去世了——因为死神并不认识所谓的头衔。玛丽亚·路易莎再次经历了守寡之痛。她写信要托尔瓦森前来为亡夫设计合适的坟墓,必须不同于此前他为约瑟芬的儿子所设计的——对于哈布斯堡王朝而言,钱不是问题。

托尔瓦森很少拒绝委托。他是一个很不错的生意人,通常有一打人按他的命令逐步完成工作。但他写信给玛丽亚·路易莎,委婉地拒绝了她。为了减轻歉意,他提出为拿破仑塑造半身像。这尊半身像后来被卖给了亚历山大·默里,他是拜伦的出版赞助商。现在可以在爱丁堡看到这尊塑像。奇怪之处并非是小人物被命运左右,而是小人物为拿破仑塑像一事做出了贡献!感情的线让托尔瓦森这位和平之子和战争之子联结在了一起。

托尔瓦森是真正的卡诺瓦的继承者——他的职业在卡诺瓦给予他祝福之后开始。圣保罗·波拿巴的爱人胜利的好运传递到了他身上。他接受了所有被授予的荣誉。

托尔瓦森在罗马度过了四十二年。在这段时间里，他一直没有断开自己与丹麦的纽带。国外授予他荣誉，给予他国家所能给予的一切特权。

丹麦大使总是接到指令："别忘了我们的兄弟——国王的艺术家、雕刻家托尔瓦森骑士的福利。"

数年来，在哥本哈根学院，一直留有他的房间。学校请他回来时，他就住在这些房间里——他的出席会使这所学校得到声誉，是这所学院把他派出去的。他只回来过一次，逗留了很短的时间。但他多次把自己的作品的样本赠给他的家乡。他的作品的各种复本都放在了学院的"托尔瓦森房间"里。由此逐渐发展成为"托尔瓦森博物馆"。

现在日影开始向着东方拉长了。这位大师进入了他人生的第七十个年头，他开始回望童年时的家，像老人们那样，将它作为休憩之所。丹麦国王发出命令，为了托尔瓦森的归来，要动用最专业的服务团队。他们还制定了计划，要把托尔瓦森的房间转变成完备的博物馆。

托尔瓦森博物馆的设计风格平实而简单，出自大师自己之手，它坚固地矗立在哥本哈根。这里有两百多件大师的雕像和浅浮雕作品，其中包括他在漫长和忙碌的一生中所创作的最优秀的作品的原本和复本。

托尔瓦森把他的奖章、装饰品、绘画、书籍和数千张草图素描都捐给了这所博物馆——这成为哥本哈根最宝贵的财富。这所建筑被设计成正方形，有一个庭院。这里也是大师安息的地方。没

➥《美少年和波西卡》(托尔瓦森)

有比这更合适的坟墓了。建筑出自他自己的设计,环绕着他的也是他用自己的双手和头脑所创作的作品。这些作品歌颂着他,他沉睡其中。

俊朗的外表、礼貌的言行和社会地位在托尔瓦森的艺术家生涯中是不能被轻易放弃的。托尔瓦森赢得了所有他能赢得的认可——名望、荣誉、财富。在成功之路上,他体验到了所有世界能给予的荣誉。他灵感的来源基于温克尔曼、蒙斯和卡诺瓦,还被古典环境以及几个世纪前的艺术家的作品所激发。在很多情况下,托尔瓦森的创作跟随着文本,并没有抓住希腊精神。但这并没有影响他的名声——又有谁能够完全复兴古代艺术呢?

托尔瓦森赢得了一切,但他没有赢得不朽。听起来很残酷,但让我们承认吧!他至多是一位了不起的模仿者——尽管他领会了自己所模仿的对象。最近有一位作家试图把他与"约翰·罗杰斯,美国的骄傲"归为一类,但这明显是不公平的。作为艺术家,他应该与力量、传奇和朝圣者并列。

我们拥有那个非凡的《夜》,它充满着柔和,还有灵

➢ 《卢塞恩的狮子》
（托尔瓦森）

魂,是在泪水中创造出来的——正如所有最好的东西一样。提到《夜》,就不能不提到同样优美的《晨》。两件作品都是在创造的激情里一次性完成的。但是提到托尔瓦森的作品,他的名声主要出自于《卢塞恩的狮子》。

在瑞典你可以买到托尔瓦森的《卢塞恩的狮子》的复本和模型。有些是大理石质地的,有些是花岗岩质地的,有些是青铜质地的,还有大量是木头的——当你在等待的时候雕成。我住在卢赛恩的旅馆里时,每天清晨,餐桌上都会放着这只黄油做的高贵的野兽。

↬《丘比特和美惠三女神》(托尔瓦森)

从英雄的模型到表链装饰和手镯,托尔瓦森的作品有各种尺寸的复制品。雕刻家雕刻这只狮子,画家还画它,但你曾见过《卢塞恩的狮子》的复制品吗?不,你从未见过,也不可能见到。复制品不可能具有那种融合了痛苦和耐心的难以描述的特质,连武器都不可能扰乱那个灵魂。不;每一件复制品都只是一种讽刺,试图去喜欢一只狮子的脸是危险的。

一位聪明的女士曾叫我留意,我们是在一种怎样的心理因素下,将狮子看做是人类所能设计出的最精妙、最完美的东西的?这个问题让我们无言以对,无法抑制激动的泪水。悬崖下面的小湖与悬崖没有太接近;突出的藤蔓和忧郁的大树枝形成了一个昏暗、压抑的阴影;流动的水好似大教堂里的风琴演奏。最后,让我们来看看狮子所在的位置。它面对着坚实的悬崖,分享着大自然的奇迹。它不是放在那儿供人观看的——它是山脉的一部分,雕像底座下的巨大接缝显示出了自然创造的奇迹。似乎是上帝亲自创作了这件作品，而我们也因此充满了惊异和欣赏的愉悦。

这幅图景的精妙构造和狮子的悬挂方式很特别。除这些技术外，艺术家所刻画出的狮子那悲叹但不软弱，而是充满力量与忠诚，毫不畏惧。在巴黎国王的宫殿里，瑞士卫队都死在他们的岗位上，三百个人中没有一人畏惧——一个世纪以前的所有人都死去并化为尘土，这只狮子也受伤了，正濒临死亡。它无言地看着我们，让我们为之热泪盈眶！

我们称颂！

我们被打动的原因是感受到了艺术家创作时的情绪。我们不能被模型、复制品打动的原因是，模仿者对这件作品没有多少感觉。伟大的艺术必须怀有情感！为了做到这一点，你必须努力感觉！

如果托尔瓦森并没有创作别的作品，这只狮子也足够作为他的丰碑了。威廉·卡伦·布莱恩特和但丁·罗塞蒂都因为一首诗成名；爱伦·坡以三首诗成名；棱罗只写了一篇散文就被全世界称颂。"我们可以保留拉斯金的《芝麻与百合》和《金河》，而忽略其他的作品。"奥古斯丁·比勒尔说。

托尔瓦森为他的成功付出了代价。他曾被流放，也尝过贫穷和心碎的滋味，但他并不认为这些是自己所经历的不幸。也许他对艺术界最大的贡献是使得古典美学传统复兴。他还让整个民族体会到了雕刻的趣味，使得人们的注意力从社会矛盾转向了艺术，从战争转向了和谐。他成就了平和的美，取得了和平的胜利。

GAINSBOROUGH

庚斯博罗

> 这个民族应该产生一位天才，足够为我们的学校赢得光荣。庚斯博罗就是这样一个人，他的名声应该在艺术史上不断流传，排在所有艺术家之首。
>
> ——雷诺兹先生

大多数传记作家在写作时都会有意把他所写的那个人要么描绘成英雄人物，要么写成卑鄙小人，让他成为欺世盗名的恶棍。这里首先要提到的是威姆斯的《华盛顿的生活》。作者害怕他不能很好地表现出主人公的性格特点，于是他掩盖了人性，塑造出一个几乎没有眼睛、耳朵、思维和情感的人。威姆斯之后，另一类糟糕的文字来自约翰·艾博特，他对拿破仑的生活的描写是对这个人物的真实性的掩盖。

➹ 庚斯博罗自画像

在那些为了贬损主人公而作的传记中，约翰·盖特的《拜伦的生活》占据了突出的位置。不过，在有意贬低主人公而抬高作者自己的传记中，菲利普·西克尼斯的《庚斯博罗》必定是居于榜首的。这本书如此糟糕，以至于它是很有趣的。它如此之愚蠢，以至于不会消失。西克尼斯一直在与庚斯博罗辩论，这本书的四分之三都是"他说"和"我说"。这真的只是一本怀着令人厌恶的意图，用来报复主人公的书。

作者把他的小情绪当作是世界上最重要的事，以显示出他是多么地伟大，但这却一点也不成功。看上去庚斯博

↦《蓝衣少年》(庚斯博罗)

罗的所有成功都是由西克尼斯所给的。看！西克尼斯把庚斯博罗放在笔下之后，他还收到版税。这可真是忘恩负义、傲慢无礼！西克尼斯是善良、和蔼、无私和公正的，而庚斯博罗则是讨厌、懒惰、可笑和恶毒的——这就是西克尼斯的描写。好吧，我猜是这样！

博若克·安纳德说西克尼斯是"一个挑剔的、爱卖弄的好事者，没有一点谦虚稳重的特质，自认为具有天赋的权利去描写庚斯博罗，掌控他的事情"。

浮夸的贵族西克尼斯曾把画家介绍给他的朋友们，也对他的言行举止给出过很多建议。他还借给他一把小提琴，给他看一把古大提琴，还经常邀请他吃晚饭。因为这些恩惠，庚斯博罗许诺要画一幅西克尼斯的肖像，但他却一直没有开始画。在十年的时间里，因为没有做这个工作，他给出了三十七次借口。至于庚斯博罗夫人，她曾鲁莽地要高傲的西克尼斯放下高高竖起的帽子，请他出去。因此，西克尼斯开始批评庚斯博罗夫人的家世，指出如果托马斯·庚斯博罗和别的女人结婚，他会成为另外一位画家。西克尼斯的这本书通篇都表现出自己是一个受害者。

读这部"作品"时，很难相信作者是在严肃、认真、清醒的状态下写的。它更多地表现出西克尼斯的极端，而很少真实地描写庚斯博罗。每一页都充满着这种风格。安德鲁·兰曾经撰文将它作为闹情绪的作者所作的文本的典范。

奇怪的是，直到1829年，西克尼斯仍然活跃在历史舞台上。许多人把他对庚斯博罗的描写当作是权威作品。

那一年，爱伦·坎宁安将这位伟大的画家摆在了合适的位置上。幸亏有弗切尔和其他人的详细研究，才让我们对这个人物有了更深入的了解。

庚斯博罗的父亲是感觉敏锐的零售商。他住在萨福克的萨德伯里，距伦敦七十英里。曾有一段时间，节俭的零售商一直待在自己的店里，这样他就可以接待顾客，也避免了盗贼的光顾。他总是打扫人行道，在早饭前让一切看起来都干净整洁。庚斯博罗的父亲的生意非常兴旺，但是这还不足以让他的九个孩子中的任何一个歇着。他们都要工作，周六晚上必须"洗浴"，周日穿着得体的衣服去独立教会。

托马斯·庚斯博罗是这几个孩子中最小的。他是父母的宠儿，也是他的姐姐们的骄傲。她们照顾他，领着他去他应该去的地方。小时候，他的身体不是很强壮。但是爱和自由逐渐起了作用，他成长为一个高大、英俊的青年，有着温文尔雅的举止和讨人喜欢的面容。家里所有人都相信庚斯博罗会成为一个"人物"。

家中最大的男孩子约翰被这个城镇的人誉为"聪明的杰克"。他发明了布谷钟，这后来又发展为上足发条后会自动摆动的摇篮。他还做了一架飞行器。他聪明地在摇摆的铰链上刻上签名，几次尝试把店主的画也放在签名旁。

二儿子汉弗莱也是个聪明的孩子。他制作了蒸汽机模型，并将它展示给瓦特看，瓦特对此非常感兴趣。后来，瓦特申请了专利，汉弗莱的心几乎都碎了，他快要崩溃了，但他还是说自己手头上有很多比发明蒸汽机更重要的事情要做。为了证明自己的能力，他以海潮作为动力推动磨坊，赢得了伦敦学会为鼓励发明创造而设立的五十英镑的奖金。蒸汽机需要燃料，但是这个潮汐机器则以自然作为动力。在大英博物馆里还藏有汉弗莱·庚斯博罗制作的一个日晷。他享誉世界的发明是最早的防火保险柜。出自

→《安德鲁斯夫妇》(庚斯博罗)

自由神学的防火保险柜只是他成功的第一步。汉弗莱·庚斯博罗后来成为了非基督教牧师——一个富人，每年收入四十英镑。

家庭的希望都寄托在托马斯身上。他曾经协助他的哥哥约翰画标记，也为贵族家门上的标牌画过一些不错的小东西。有一次，在他父亲的果园里，他无意中看见石墙上一张面孔飞快地闪过。这个男孩立刻在他的调色板上捕捉到了那个人的特征，将其画了下来。他画得非常像，这使得那个小偷在光顾果园的时候，也把这幅著名的画给盗走了。许多年之后，这幅《汤姆梨树》出名了。

这次经历让庚斯博罗一家都很高兴。他们举行了家庭会议，商定送托马斯去伦敦学习艺术。女孩们放弃了购买新衣服，母亲也不买帽子了，男孩们自愿集资。于是，有一天，托马斯坐上了前往伦敦的头等列车。他不停地挥手说"再见"，直到灰尘挡住视线。

庚斯博罗进入了伦敦的圣马丁绘画学院。这所学院的艺术类似于美国学院的写作，在那里田园教授常常给我们讲述斯宾塞哲学体系的神秘。不知道"怎样持有自己的笔"是一件羞耻的事情，这把许多萌芽的天才都扼杀了，但是那里始终要求学生做"手腕运动"。他们都是在那里成长起来，并开始写作的。也就是说，他们都像教授一样写作，而教授则像斯宾塞哲学教授那样写作。所以在麦尔威·杜威学院里，在图书馆工作的女孩们也都学习写作。在奥尔巴尼——上帝保佑他们，他们也全都像杜威那样写作。

托马斯·庚斯博罗在伦敦的时候，常去剧院和咖啡馆，他发现了在那些地方陈列着的图画。为了解决生活问题，他开始进行雕刻，并为一位银匠做设计。这个男孩显示出了强大的容纳力，他成功地做出了漂亮的雕刻作品。在很短的时间里，他学了很多东西。

但是他厌倦城市。他喜欢自由、新鲜的空气以及森林和草地。贺加斯和威尔逊那时正在伦敦，但是学院里的学生并未听说过他们。不知道庚斯博罗是否听到过理查森的著名预言，这个预言激发了贺加斯和威尔逊。不久前，他们使得英国出现了一座伟大的艺术学院。

年轻人开始想家。他在伦敦一事无成，也没找到体面的工作。两年后，他回到了萨德伯里。他觉得自己很失败，但是他的家人却把他当作获胜的英雄一样欢迎。他十八岁了，但看起来像二十岁——高大、强壮，有着金色的头发，举止温文尔雅，态度和蔼谦卑。

他的两个姐姐都嫁给了牧师，在附近的镇上过得很幸福。他的哥哥汉弗莱“占据了讲道台”，本地的高教会派成员都梦想着能听他讲道。

他的母亲和姐姐也希望他能成为牧师——他如此英俊、正直而又善

《阿尔斯顿小姐》(庚斯博罗)

良,他有着柔和的蓝色眼睛!

但他更愿意画画。他在森林里和牧场上画画,在溪流边和旧磨坊里画画。他与邻居们的羊群和牛群相处得很好。

风景画艺术的发展是出自偶然的。早期的意大利画家只是把风景作为人物的背景。他们所画的都是男人、女人和孩子。为了更好地展现他们,才在画上添加了风景。想想在一个剧场里没有布景而只有演员在台上,会是什么样子?这样你就能理解庚斯博罗时代的风景画的地位了。风景!什么都不是——只是用来填补空白而已。

威尔逊第一次画风景是为了给他所画的肖像画添加背景。他画了一片海景。画中只有一个头戴三角帽、脖子上挂着望远镜的船长。太阳即将升起。这些未完成的画挂在商店的橱窗里,完全没有市场。它们仅仅是古董。

庚斯博罗画风景是因为他热爱它们。他似乎是第一个热爱乡村的英国艺术家。古老的桥梁、弯曲的马路、多节的橡树、圈养的家畜以及所有安逸乡村生活的美都让他陶醉。他教育了收藏家,告诉人们近距离地观察自然,并向它学习。庚斯博罗站在进步的十字路口,为艺术的发展指明了道路。

贺加斯认为一幅画就是一堂课,具备道德性,但庚斯博罗并不赞同。对于雷诺兹来说,除了人类的脸以外,没有什么值得去画,庚斯博罗对此也持有异议。对他来说,美有它自身存在的理由。但是,在庚斯博罗的所有风景画里你会发现某些人情味——人不是被完全排除在外的。但

➻《伯爵夫人玛莉·豪》(庚斯博罗)

是，在展示这个重点的时候，他的心完全投入到了眼前的景象中。透纳的格言"你不能漏掉人"是对庚斯博罗的注解。柯罗的风景画描绘了模糊而又晦暗的情侣坐在河边的大树下——最可爱的图画是出自人类之手的。这展现出曾有一度，情侣占据了艺术舞台的中心，风景只是附属物。

更有趣的是，这位英国风景画的鼻祖也是一位伟大的肖像画家，他敢画完全没有风景作为背景的肖像——在那个时代，只有不会画风景的人才这么做。拉伯雷曾说："拥有一个被塞得满满的保险柜的人自然能够衣衫褴褛，而不怕被嘲笑。"

十九岁的托马斯·庚斯博罗有一天在萨德伯里附近的森林里专心写生。树枝突然断裂，露出一块空间，从那里他看见了走过来的玛格丽特·伯尔。在庚斯博罗去伦敦的时候，这位年轻的女士正住在萨德伯里。他从未见过她，虽然他可能听说过她。每个在那儿的人都听说过她——她是萨福克最美丽的女子。她和她的"叔叔"住在一起，有小道消息说她可能是被放逐的斯图亚特王室的女儿，或者是贝德福德公爵的孩子。不管怎么说，她从相貌、身材和教养上来说都是一位真正的公主，年收入两百磅。她的骄傲让乡下的青年敬而远之，许多求爱者为之叹气，并站在安全的距离，对她投来爱慕的一瞥。

回到正题。树枝断裂，玛格丽特走过来了。她本以为只有她在那里，但突然她也看到了年轻的艺术家——他们相隔一百英尺不到。她吓了一跳，脸红口吃，试图为她的打搅而道歉。她一贯的沉着消失不见了——她只想沿着来路赶紧走掉。"请保持那个姿势——就站在那儿！"艺术家用命令的口吻说。

当时机成熟的时候，即便是最骄傲的女士也会接受命令。我确信，被正确的男人驯服是所有好女子所希望的。

➡《威廉夫妇》（庚斯博罗）

玛格丽特·伯尔，骄傲的美女，就站在那儿一动不动。托马斯让她进入了他的风景画，也进驻到了他的心里。

这不是一部爱情小说，我们不能由此开始发挥，写一卷有关他们的故事。只要说他们见面的几个月之后，这位具有王室血统的年轻小姐，运用她的神圣权利，开始了"求婚"。正如维多利亚女王后来所做的那样。之后他们就结婚了——他俩都不到二十岁，此后他们生活得很幸福。

假定认为高贵的人不能在一起是一个大错，玛格丽特知道怎样处理这个问题。在萨德伯里短暂生活了一段时间之后，这对夫妇在伊普斯维奇以一年六磅的价格租了一栋小屋——有一间鸽子房和三个房间。骄傲的美人不让这个地方被仆人亵渎，她自己做所有的工作。如果她需要帮助，她就会叫她的丈夫。当然，她不会让这名男子去伺候他所爱的女子。他们是萨德伯里最体面、最出名的夫妇。当他们去教堂时，会看到很多伸长的脖子，听到低声的赞美。以至于牧师为此定下规矩，直到所有人安然就坐才开始讲道。

他们在一起很幸福。他们相爱，也爱生活、爱每一件东西和每个人。上帝创造的广袤的绿色空间是他们玩乐的房间。玛格丽特的收入足够满足他们的生活需求——他们也没有雄心。庚斯博罗一直画画，然后把他的画送给别人。

他热爱音乐。如果附近举行音乐会，演奏者演奏得非常好，庚斯博罗就会要求用他的画来交换演奏者的乐器。

这样他们的房子里就堆满了小提琴、琵琶、高音双簧萧、铜鼓和当时的听众不太喜欢的、直到现在都还存有的弦乐器。在那个时期，如果有人问到庚斯博罗的职业，他会说："我是个音乐家。"

十五年过去了。"日子并没有丢失。我们可以翻转沙漏，把它们留在甜美的记忆里。"庚斯博罗有一次对妻子说。长期的写生锻炼了艺术家的绘画技巧。西克尼斯来访，坚持要和艺术家夫妇成为纯粹的朋友。他们在他走后嘲笑他，谈论他的头，通过哑谜来为他的脚编笑话，并用暗语交流——真正的爱人总是喜欢用暗语。

西克尼斯是真诚的，当然也谈不上很坏——甚至墨菲斯托也不总是坏的。庚斯博罗夫人曾说，比起西克尼斯，她更喜欢墨菲斯托，因为墨菲斯托有幽默感。他们经常称西克尼斯为"呆瓜"——这个玩笑如此明显，不能够被忽略掉。直到被庚斯博罗最喜欢的猎犬"狐狸"发现这一秘密，他们才"发誓不再用这个称呼"。

西克尼斯在巴斯有一幢夏季别墅，他坚持邀请他的朋友们去那儿。他保证会将他们介绍给最好的社团。他还承诺会给他们介绍给贝·纳什，并安排庚斯博罗为"国王"画像。庚斯博罗夫妇将要成年的女儿提醒他们，需要增加家庭收入了。西克尼斯许诺他的贵族朋友们会有很多画像的委托。

他们在巴斯所能找到的最便宜的房子是五十英镑一年。"你想去坐牢吗？"当庚斯博罗将要签署租约时，庚斯博罗夫人问她丈夫。世故的西克尼斯提议他们应该以一年五十英磅的价格租这幢房子，或者他为他们支付另一套一年一百五十英磅的房子。他们决定冒险先在一年五十英磅的房子里住几个月，按期支付房租。

西克尼斯对他在艺术领域的关系网非常自豪。他有且只有一个艺术家朋友，那就是庚斯博罗！一些颇有名气的

→《托马森夫人》(庚斯博罗)

人开始光顾画家的工作室。

庚斯博罗英俊、健康、和蔼——带着从乡村来的清新。他以直率的方式对待所有贵族——上帝把他创造为了一名绅士。他美丽的妻子现在三十岁出头,在本地的社交圈很受欢迎。

每一位来巴斯的名流都会访问庚斯博罗的工作室。

加瑞克给庚斯博罗当模特,他总是跟他玩恶作剧,改变自己的面容。每次艺术家从画架上抬起头,都会看到一张新的面孔。"你拥有所有人的脸,却唯独没有你自己的。"庚斯博罗对加瑞克说。他让他离开,自己凭着记忆完成了这幅画。这幅肖像画，以及哈尼伍德将军、戏剧家奎恩、格罗夫纳小姐、阿盖尔公爵的肖像画，还有几幅风景画，都被送到了伦敦学院进行展览。

乔治三世召见了庚斯博罗夫妇，他说希望他们能住在伦敦，这样庚斯博罗就可以为他画肖像画了。

车夫维特夏将庚斯博罗的画打包，带到了伦敦，他心中充满着对艺术的热忱，他拒绝接受黄金馈赠。这个地位低下的普通劳工以自己的方式为艺术服务。因此庚斯博罗送给了他一幅画。事实上，在庚斯博罗住在巴斯的几年里，他赠给谦虚的维特夏一辆马车、一打或更多的绘画作品。他送给了他自己画过的最好的画——老教区执事的肖像画。庚斯博罗不擅长评判自己的作品，而维特夏擅长。维特夏保存了他所得到的所有庚斯博罗的作品，终身沉浸其中，让自己的灵魂沐浴在它们的之中。他死后，将它们留给了自己的后代。

维特夏被凝聚着天才的智慧的作品所感动——庚斯博罗不能画得更好了。什么都无法与之交换——估价师前往维特夏家里，估算出这些画至少价值五万英镑。

庚斯博罗发现他的工作不断增多，让他有些力不从心了。所以他把"半身像"的价格从五磅提高到了四十磅；把"全身像"的价格从十磅提高到了一百磅，以减少他的顾客。但顾客继续倍增。他许诺为西克尼斯所作的画被放在了门背后。他给了西克尼斯一张五百英镑的支票，以感谢他曾给予过他帮助。

但是西克尼斯并不能被钱所打动。他负责接待工作室的访问者，跟他们一一解释，说自己是怎样发现这个艺术家，又是怎样把他从卑贱从解救出来的。他唠叨着自己的历史，发表即席的艺术演讲。

恼人的西克尼斯过去是庚斯博罗夫妇的笑料，现在他变成了一个麻烦。为了逃避他，他们接受了乔治国王的提议。他们收拾行李，搬到了伦敦。

　　对庚斯博罗夫妇来说，巴斯五十英磅一年的房租曾经是个大负担。但是当他们在蓓尔美尔街以三百磅一年的价格租下斯汉堡的房子时，他夸耀那是个不错的价格。这个时候，"聪明的杰克"要找他借一笔小钱来完成一项有前途的计划。他亲爱的兄弟回答说虽然自己一年的开销超过一千磅，但还是很高兴支援他，希望这个计划能够成功——虽然他知道它不会成功。

　　庚斯博罗一到伦敦，消息就传到了皇家艺术学院。他被推选为理事会成员——虽然他从未参加过一次会议。皇室成员在他的工作室门口排队，让他挑选模特。他为国王画了五幅不同的肖像画，也为国王的孩子以及法定继承人画了肖像画，还为夏洛特王后画了一幅。戈德史密斯评价那幅画中的人物看上去"就像是一个明智的女人"。

　　他为他亲爱的妻子以及理查德·布林斯里·谢立丹、伯克、沃波尔、草莓山的主人、德文郡的女公爵画像。这些画中有一幅优雅得很特别。在伦敦一个黑暗、多雾的晚上，它被从画框里切下，封装在一个箱子的底部，带到了纽约。它在那儿放了二十年。陆军上校帕特利修·西迪，鉴赏家和批评家，要将它还给它原来的主人的后裔，他们须为此支付两万五千美元。这幅极好的画作以及它传奇的历史，注定了它是不会再回到大西洋对岸的。慷慨的皮尔庞特·摩根将它买下，它现在被安放在哈佛大学。

　　我们生活在一个充满奇迹的年代，最近二十五年可以看到许多标志时代改变的事物。电力的使用是连儒勒·凡尔纳都没能想象到的。

　　美国人称呼自己的国家为"自由之土"——好像除此以外就没有别的称呼了。但是现在，英国人比美国人有更多的言论和行动自由。美国各大城市都有大量的官僚主义作风存在，这让英国人一天都受不了。但是，谢天谢地，

➡《蓝衣女子》(庚斯博罗)

我们总在自我拯救——事情在变好,正是"不满意"使得它们进步。如果我们满足了,那就没有进步了。在庚斯博罗六十一年的生活里,他思考和感觉的世界发生了非常大的变化。他所具有的爱好和平但却坚强的个性,是他为自由而工作的主要原因。庚斯博罗从来都不是趋炎附势的人,他不对任何人谄媚。他独立的性格让他看不到自己与贵族之间的差别。他并不奢求艺术学院和竞争者的赞许,也不求王室的嘉奖。这一独立的态度可能让他成为去约书亚的那位骑士的伴侣。但结果恰恰相反,他比那些等待荣誉的人更接近王座。庚斯博罗一无所求——他做着自己的工作，保持着正直的精神品质，而所有的好事都来到了他身边。

奇怪的是，当英国经历着艺术的复兴，意识自由开始爆发的时候，曾经盛产伟人的意大利，此刻却没有产生一位影响深远的艺术家。

乔治统治时期，英国爆发了神圣的、不流血的革命。他们比自己所预期的统治得更好。庚斯博罗看见君主的权利转移给了人民，国王成为了船上的木雕，有名无实，代替他的是船长。所以，感谢乔治三世的软弱和诺斯勋爵的短视政策，美国在大约和英国一样的时间完成她的独立。

理论自由和政治自由手拉手，我们对神的崇拜总是让我们的统治者的统治显得那么苍白无力。萨克莱不是说过，英国人把耶和华视作不朽的乔治四世吗？

庚斯博罗看见怀特菲尔德和韦斯利恳求他说，他们应该去上帝指引的地方；霍华德正在使阳光沉入黑暗；克拉克森、夏普和威尔伯福斯已经开始了他们对奴隶制的讨伐，他们的武装和论点将被一百年后的威廉·劳埃德·加里森改变，他为老约翰·布朗带来《比彻圣经》；奥萨沃托米·布朗不再需要自己的身体，他的身体已经被挂在了酸苹果树上，而他的灵魂在一直向前行进。

在文学领域，庚斯博罗看到了它和政治领域一样多的改变。出现了塞缪尔·约翰逊——批评和挑战安坐的书呆子；戈德史密斯自理查森犹太人区出来，写下动人和永恒的诗篇；菲尔丁的讽刺喜剧产生于德鲁里巷；考珀和艺术家们一般年纪，在取得成就后的十六年里陷入了愚钝状态；理查森成为了英国小说之父；斯特恩开始了他的感性之旅；查特顿如流星一般划过文学的天空；格雷在墓地沉思，把他的头放在土地上；伯恩斯从税务官开始升迁，成为了全苏格兰的偶像。庚斯博罗去世的那一年，拿破仑十七岁，是炮队副中尉；惠灵顿收到了他的第一次委任；多亏有汉弗莱·庚斯博罗，瓦特发明了蒸汽机；阿克莱特制造了他的第一台细纱精纺机；汉弗莱·戴维正在解决问题（获得部分成功），之后这个问题被门洛帕克的爱迪生解决了；黑斯廷斯勋爵在听到谢利丹的演讲后倦怠了——一次他生命中最重要的演讲……

庚斯博罗得了致命的感冒。他从未出国学习，一直在家画画，画他所看到的东西。他从不认为自己是一个伟大的艺术家，所以他也不考虑自己的未来。他没有保存自己的画，也根本没想过在上面签名。他从来没有画出让自己满意的杰作。

他过着快乐的生活，没有乌云蔽日，除了不时地受到来自西克尼斯先生的傲慢责备或是偶尔忍受展出委员会的专横。他就这样在工作、应约、笑声和爱中度过了他的生活。享受音乐是他休息的一种方式。他的收入比他七个兄弟姐妹的收入总和的五倍还要多，他无限地将其与他们分享。他资助了几个侄子和侄女的教育，领养了一个侄子——庚斯博罗·杜邦，并帮助他成为了一个艺术家。

庚斯博罗没有融入艺术圈中的嫉妒氛围中，也没有得到约书亚先生表示赞赏的微笑。他只是能和约书亚先生好好相处，谈不上深交。他赞美雷诺兹的工作和他这个人，但他太聪明，以至于不能和任何人建立亲密的私人关系。

他远离西方宫廷以及罗姆尼和雷诺兹对于城镇的艺术品味。他独享自己对于艺术或世界上所有有价值的东西的感受。他表达了自己对于生命的感恩——慷慨、宽容、愉快。他从不沮丧，除非他觉得自己说话刺耳或者有行为不

➡《菲利普夫人辛克尼斯》（庚斯博罗）

够理智。他忠于朋友,忘记敌人的存在。

他取得了不朽的成就,一项其他人能在其基础上继续创造的成就。他为艺术的发展铺设了道路。

活着、去工作、去感觉、去求知、去忍耐就是上天赐予的巨大的恩惠。认识一个人是神的刻意安排——造物主用它来实现自己的意图。祂能通过这个人看见社会结构中的巨大改变;了解人的思想;理解这个世界因人的存在而变得不同。是的,活着就是上天赐予的最大的恩惠!庚斯博罗活着。他对生活着迷,过着充实的日子。他也总是感谢未知,未知一直牵着他的手,带着他前进。

活着就是上天赐予的最大的恩惠!

VELASQUEZ

委拉斯贵兹

在预示着新意和真实的重要艺术家如鲁本斯、伦勃朗、克劳德·洛林之中，人们认为，委拉斯贵兹❶是最匠心独具和最贴近真实的。他向人们展示出光的神秘，就如上帝创造了它们一般。

——史蒂文森

能书善写的人中，有能讨得大众欢心的多数，亦有能启发其他作家灵感的少数。当贺瑞斯·格里利❷向世界发布他的每日讯息时，美国任何一家报社的任何一位编辑都为了拥有订阅《论坛报》的特权而不惜花上一大笔钱。《论坛报》可没有交易牌价——如果想要《论坛报》，就必须去买上一份。作家们会去买它，是因为它拨快了他们的工作时钟——让他们运作起来。他们要么小心翼翼地避免提及格里利，要么继续勇敢前行，张扬自己的奇思异想。

→ 委拉斯贵兹自画像

格里利也许一直以来通常是对的。现在，我们知道他也经常出错。但是他给他的文字注入了生命力——他的字句就是一种挑战，因为他让人们思考。他引人思索的原因就在于他自身就是一个思考者。

---

❶ 委拉斯贵兹（Diego Rodríguez de Silva y Velázquez，1599-1660），西班牙画家，菲利普四世宫廷首席画家。
❷ 贺瑞斯·格里利（Horace Greeley，1811-1872），美国著名报人、编辑，《纽约论坛报》的创办者。

在现代文学家之中，最能予以其他作家启迪的两位英国作家是卡莱尔❶和爱默生❷。他们是作家中的作家。他们在创作过程中，触及人类经验和努力的每一个环节。不论翻到他们著作的哪一处，读到哪一页，你都一定会找出自己的铅笔和拍纸簿来做笔记。强者给他们的作品倾注了许多自己的精神，他们的文辞被认定是一种意见和建议，而不仅仅是声音。有那么一种回响能令人兴奋不已。所有存在于世的艺术由此被一种精神实质赋予了生命：这种实质总是为分析家所忽视，却能被每一个有着跳动的心脏、具备同情之心的人所感知。

强者总给强者留下空间。爱默生和卡莱尔启发了其他人，而他们又相互启发——但过多地提及他们的"友谊"是否有据可循倒是一个问题。无疑，除"友谊"以外的某些其他的词应当用在此处。他们之间的关系一直都是个问题。他们就像警惕巴拉巴❸一般相互提防着，还有三千英里的茫茫大海将他们分隔两岸。卡莱尔从未去过美国，而爱默生曾三次造访英格兰。经常是一年甚至更久的时间过去了，双方也没有书信往来过。石匠的儿子托马斯·卡莱尔，有着执拗的性格，爱用陶制烟斗。他的性格使他有一种混合的气质，并不完全像新英格兰❹的牧师那样。他很可能穿着短袖衬衣。没打领带的瓦尔多❺也差不多如此——这是当他们在亚斯特尔饭店约见时的情形，那真是值得纪念的一天。

---

❶ 卡莱尔（Carlyle Thomas，1795–1881），英国作家，生于苏格兰。
❷ 爱默生（Ralph Waldo Emerson，1803–1882），美国散文家、哲学家和诗人。
❸ 巴拉巴（Barabbas），《圣经·新约》记载的一名犹太死囚。彼拉多在逾节释放已决犯之时，将他与耶稣一同带到犹太群众前，询问释放二者中哪一位。经祭司长和长老的挑唆，民众要求赦免此人而除灭耶稣。于是耶稣被钉死在十字架上。
❹ 新英格兰（New England），美国东北部六州的总称。
❺ 指爱默生。

一直以来，我们对艺术的全部要求就是它应该为我们提供艺术家的最佳作品。艺术是灵魂的铸造材料。所有怪念、异癖和讨厌的人品，都会被时间大浪洗刷殆尽，仅留真金。

在那些启发了艺术家的、虽死犹生的艺术家之中，首屈一指的当属委拉斯贵兹。

"委拉斯贵兹是画家中的画家——其余的像我们这些人都不过是画家罢了。"创作了《白色交响曲》的人❶进一步解释道，一幅画只有当用来带出其最终意义的痕迹全部消失时才算完成——因为作品自身会抹去工作的脚步。

➻ 《卡罗斯王子骑马像》
（委拉斯贵兹）

这幅画的画中人生于 1599 年，逝于 1660 年。他在世之时，还生活着这样一群人：莎士比亚、牟利罗❷、塞万提斯、伦勃朗和鲁本斯等。

作为一名艺术家，也作为一个男人，委拉斯贵兹以他自己的方式使得他和刚刚提及的人物同样重要。罗斯金❸曾说过："委拉斯贵兹所创作的一切也许都应看做是绝对正确的。"雷诺兹爵士❹在文章中公开表示："藏于多利亚

---

❶ 指惠斯勒（James Abbott McNeill Whistler，1834-1903），美籍英国画家。他最著名同时也是饱受争议的画作便是他母亲的肖像。

❷ 牟利罗（Bartolomé Esteban Murillo，1618-1682），西班牙画家，西班牙巴洛克绘画中最重要的代表之一。

❸ 罗斯金（John Ruskin，1819-1900），英国作家、诗人和艺术家，以艺术批评、社会批评和关于威尼斯建筑的著作而闻名。

❹ 雷诺兹爵士（Sir Joshua Reynolds，1723-1792），十八世纪影响深远的英国画家，英国皇家美术学院创立人之一，并担任第一任校长。乔治三世为感谢他的功绩，于 1769 年授予他爵位。

美术馆的由委拉斯贵兹所绘的《教皇英诺森十世肖像》是全罗马最出色的肖像画。"然而直到 1776 年——美国人能很快想起来的一年❶，委拉斯贵兹的这幅作品才闻名于西班牙内外。那一年，拉斐尔·蒙斯❷写道："这位画家，他的伟大更胜于拉斐尔、提香，他的真实更强于鲁本斯、凡·代克。他让我无法形容，也让我无法理解。我不能找出恰当的词来形容他的艺术的灿烂光辉！"

但在低温下就沸腾不已的狂热者可不在少数。直到 1828 年，才有英国人大卫·威尔基爵士❸跟随着蒙斯的线索，开始悄悄买入他能在西班牙找到的所有流散的委拉斯贵兹的作品。此时，世界仍对这种光辉全无所知。当他把这些作品送往英格兰时，世界才认识到这个事实：委拉斯贵兹是空前绝后的最伟大的画家之一。柯蒂斯编辑了一份有两百七十四件委拉斯贵兹作品的清单，他断言它们都是真品。其中一百二十一件为英格兰所有，十三件在法国，十二件在奥地利，还有八件在意大利。在至少十五件英国藏品被转移到美国后，除了英格兰和西班牙，美国就成为了拥有这位大师的作品最多的国家。可以肯定的一点是：没有一件"委拉斯贵兹"会离开西班牙，除非它在两天之内就回到本国领土。而且如果有一件被带走了，那也绝不会出现在行李箱底部。有一年，在卡迪斯❹有人被发现私藏了一幅"委拉斯贵兹"，而他之所以能逃过牢狱之灾，是因为他向马德里的普拉多美术馆赠送了这幅画，并附上了他的贺词。这名囚犯的释放，以及这幅画作的接收，都

---

❶ 1776 年美国宣布独立，故作者有此一说。
❷ 拉斐尔·蒙斯（Anton Raphael Mengs，1728-1779），德国画家，活跃于罗马、马德里和萨克森，新古典主义绘画的先驱之一。
❸ 大卫·威尔基爵士（Sir David Wilkie，1785-1841），苏格兰画家。
❹ 卡迪斯（Cadiz），西班牙地名。

有些不合法律常规之处。但据我所知，律师们总有办法处理这些小问题——司法女神也在睁一只眼闭一只眼。

就委拉斯贵兹究竟应该追随他父亲的脚步成为一名律师，还是当个也许和流浪汉没什么区别的艺术家这个问题，塞维利亚的德·西尔瓦家族似乎有些小小的争论。他的父亲曾经希望这个男孩能够成为自己的帮手和继承者，而现在这个年轻人却浪费自己的时间去画什么水罐、花篮、老女人和市场上那些俗不可耐的平民！

他应该去法律学校，还是去画家埃雷拉的画室呢？

对几乎每一个慈爱的父亲而言，管教的概念就是让孩子以他的行为做榜样。但是这个家庭的母亲有她自己的教育方式。或者，更恰当地说，她让这个男孩做出自己的选择——母亲们一贯如此。后来发生的事情表明，有时女人的心灵比男人的头脑要更接近真理。

事实上，"委拉斯贵兹"是他母亲的娘家姓。它就像一根稻草，泄露了他情感的风向标转动的方向。委拉斯贵

➯《煎蛋的妇人》（委拉斯贵兹）

委拉斯贵兹 VELASQUEZ | 111

兹那时十六岁,是个淘气包。他并不"坏",只不过他那火焰般熊熊燃烧的嬉戏玩闹的精力,几乎能将所有事物吞没。以至于在某些活动中,他的缺席常常是大人们求之不得的大幸。埃雷拉对于艺术和行为举止有着自己的一套想法。委拉斯贵兹没能体会到这些想法的美好和力量。在一年的学习过程中,他似乎只从埃雷拉那儿学到了一件事情:使用长笔杆、长猪鬃的画笔。对使用这种笔的癖好伴随了他一生。这种用长长的、笨拙的画笔将颜料挥洒在画布上的方式,也没有一个人能理解。实际上他自己也不知道为什么,而世界早就放弃了猜测。这是埃雷拉的做法,委拉斯贵兹改进了它。然而,并不是所有使用长达八英尺[1]的笔画画的人,都能画得像委拉斯贵兹一样好。

在埃雷拉的画室,经常会出现关于优点和缺点的激烈争辩、关于真相的截然对立以及对某一事物的口诛笔伐,甚至有时会以情绪激动的学生砸坏家具收场。在此种情况下,如果老师认为需要给学生一点教训,埃雷拉就会毫不犹豫地插手,狠狠地给某个学生来一巴掌了。

委拉斯贵兹曾写下声明,认为埃雷拉是他认识的最武断、迂腐、傲慢和爱争吵的人。至于埃雷拉是如何看待年轻的委拉斯贵兹的,很不幸,我们是无法得知了。但是人们相信,委拉斯贵兹是应埃雷拉的要求而离开埃雷拉的画室的。

接下来,他加入了富有且时尚的画家帕切科的画室。此人像麦考利[2]一样,学识虽多,却过犹不及。他写过一本关于绘画的书,也许还办过一个函授学校,在那里肖像画艺术只需要十节简易的课程就教授完成了。

---

[1] 约2.44米。
[2] 麦考利(Thomas Babington Macaulay, 1800–1859),英国诗人、历史学家和辉格党政治家。

在马德里和塞维利亚有许多作品的样本是由埃雷拉和帕切科完成的。委拉斯贵兹的早期作品坦率地表现出了埃雷拉的某些风格特征。但是我们在寻找帕切科对他的影响的痕迹时却徒劳无功。委拉斯贵兹在十八岁时便超过了他的老师，他们俩都心知肚明。于是帕切科表现了他良好的判断力——让这个年轻人走自己的路。他欣赏锐意进取、才华横溢的青年。尽管委拉斯贵兹打破了帕切科的巨著《我所发现的艺术》上所有的规矩，但这位老师并没有说出任何反对的话。

这个男孩比这本书更重要。

不仅如此，帕切科还邀请这个年轻人过来和自己同住，以便让他更好地接受老师的指导。正好，帕切科——就像戏里的勃拉班修❶那样有个漂亮的女儿，名叫胡安娜。她和委拉斯贵兹年纪相仿，温柔、文雅又惹人怜爱。爱情在很大程度上取决于一种近亲关系：现在全世界都认为帕切科是绘画大师也是牵线大师。就在十九岁的年纪，委拉斯贵兹和胡安娜结婚了，而帕切科也舒了口气。他已经把自己和这个他所见过的最大胆、聪慧的年轻人联系了起来，还让自己摆脱了一个烦恼：他的画室终于不再像尤利西斯的庭院❷般，塞满成群的求婚者了。

帕切科感到心满意足。

帕切科怎么会对这一切感到不满意呢？他已经将自己的名字和艺术史永远联系在了一起。如果他不是委拉斯贵兹的老师兼岳父，他的名字就将写在流逝的岁月中。因为他自己的艺术并非那般精妙绝伦而值得千世流传。他的学

---

❶ 勃拉班修（Brabantio），莎士比亚戏剧《奥赛罗》中的人物，女主人公苔丝狄蒙娜（Desdemona）的父亲。

❷ 尤利西斯（Ulysses）为希腊神话中的英雄奥德修斯（Odysseus）的拉丁名。在他十年出征未归时，家中挤满了向他妻子求婚的人。

→《维纳斯对镜梳妆》
（委拉斯贵兹）

识也不过来自于一些满是尘土、霉味浓重的书罢了。

帕切科的功绩在于他认识到委拉斯贵兹的天赋之后，紧紧地抓住他，并擦去了所有可能附加在他自己身上的、与帕切科无关的荣耀。

在离世的那一天，帕切科对自己的灵魂说了些动听的安慰话，他说是自己造就了委拉斯贵兹。但若不谈及这点，没有人会怀疑，委拉斯贵兹是在忘却帕切科的艺术的情况下成长起来的。

"鲁本斯画的那些金发美人对永恒的斗士来说是一种慰藉。"万斯·汤普森❶这样写道。委拉斯贵兹的妻子就是鲁本斯笔下的美人类型：她视丈夫为自己的理想。她相信他、服侍他，在她面前再也没有其他的神灵。她只有一个人生目标，那就是侍奉一家之主。

她对这个男人的信任——相信他的力量，相信他的真诚和他的艺术，这让他对信心倍增。我们希望能有一个人相信自己，只要有这样一个人存在，所有其他人都不足为道。

---

❶ 万斯·汤普森（Vance Thompson，1863-1925），美国文学批评家、小说家和诗人。

委拉斯贵兹似乎就是那类"永恒的斗士"——并非是那种睚眦必报、吹毛求疵的人，而是一个言出必行的人。他带着突破障碍、排除万难的意念，直奔目的而去。但他用这种野蛮的方式并没有取得丝毫进展。这位高贵的红种人一直以来都很满意自己是个红种人贵族。结果就是，即便他静立不动，也在逆着潮流而行。他并非一般人所想象的"永恒的斗士"——除了在他的作品中。他总是被一种无止境的不安所折磨，得不到片刻休息。

当一个思考者兼劳动者在这个星球上放任自由时，要小心！

在委拉斯贵兹的时代，西班牙只有两类艺术赞助人：皇室和教会。

尽管名义上是天主教徒，但委拉斯贵兹对民众的迷信并不认同。他的宗教本质上是一种自然宗教。他爱自己的朋友，沐浴着生命的阳光，还持有一种健康的心态——善于接受、心怀感激地创作他的作品。这些对于他而言就是生命的全部。他的激情就是艺术——把他的感受描绘在画布上，来向别人展示自己所见之物。他认为，教会不足以成为力量的释放口。只能生活在热带的天使，没有肌肉来操控翅膀，这对他来说不能说明什么。在他看来，人世间的男人和女人远比天堂里的天使更有吸引力，他想象不出比这更美好的天堂。于是，他描绘自己所看到的：老人、卖菜的女人、乞丐、帅气小伙和蹒跚学步的孩子。这些可不讨教士欢心，他们想要描绘的事物，在遥遥的天际呢。于是，委拉斯贵兹将目光从教会转向了马德里皇宫。

委拉斯贵兹在塞维利亚的帕切科画室呆了五年。在那段时期，他用工作填满了每一天——充满快乐和渴望的工作。他创作了一大批珍贵的画作和大量的草图，其中绝大多数都被他散发了出去。然而今天，塞维利亚用她宏伟的艺术博物馆和上百座宫殿，保存了她最伟大的儿子的诸多

➥《伐尔肯的熔炉》
（委拉斯贵兹）

种类的作品。

　　对于一个二十四岁的年轻人而言，去敲皇室的大门是一件相当需要勇气的事情。委拉斯贵兹以自己的方式提出了这个申请。他的全部研究被批评家讥讽地称为"酒栈作品"。它们都是他为未来的生活和工作所做的准备。他已经掌握了人类面孔的微妙之处，并且理解精神是如何透过面孔闪现的——它还揭示了灵魂。

　　知道如何正确地写作，这没什么——你必须明白哪些是值得记录的。知道如何画画也没什么——你必须了解你所描绘的对象。委拉斯贵兹开始熟知人性，并渐渐使之与生命紧密联系起来。他带着目的在路边和市场上游荡。这已经为日后标志着他最优秀的作品的那些特点打下了基础：精熟的表达、渗透出个性，表现出藏匿的激情和难以言表的渴望，还可以通过观察人物面部来解读其后隐藏的内心的思想。要描绘伟大的人们，你自己必须就是一个伟人。

　　委拉斯贵兹那时二十四岁——阴郁、勇敢、沉静，他的面庞和身形都表明他有着强大而骁勇的灵魂。只有强者才能经得住平淡,他们知道平淡能滋养出沉静。

这个年轻人并没有对阿卡扎宫发动猛攻。是的,没有猛攻。在马德里,他静静地在画廊里临摹提香的作品,有时还会画画肖像——皇室成员一定会主动向他走来。他对自己的力量很有信心,他能够等待。他的妻子知道宫廷会召唤他——他也知道这一点。西班牙宫廷需要委拉斯贵兹。让自己被需要是一件美妙的事情。

就这样,一年的时光快过去了,宫廷却毫无音讯,委拉斯贵兹默默地放弃了。就在他即将返回在塞维利亚的家时,爱好艺术的马德里揉了揉自己惺忪的睡眼❶。伟大的奥里瓦雷斯大臣,带着国王的委任状和预付的一大笔钱找到他,请求他一旦结束在塞维利亚的短暂停留,就务必返回马德里。人们已经在阿卡扎宫为他备好了一套住所。他怎么会不爽快地接受呢?

国王的这般请求其实等同于命令。委拉斯贵兹自然不会拒绝这等好意——因为他曾巧妙地谋取过。但他仍花了些时间考虑。当然,他对妻子以及她的父亲说了这件事,我们可以想象,他们都因这件事而得以安然地享用一顿晚餐。

于是,在1623年5月,委拉斯贵兹按时地成为了皇室的一员,很快他又成为国王的朋友、顾问和随员——直到他被死神带走之前,这一地位保留了三十六年之久。

"农场主认为地位和权力都是好东西,但是他必须知道,总统为了白宫也付出了不

→《玛格丽特公主》(委拉斯贵兹)

---

❶ 作者用拟人的手法形容马德里此时发现了委拉斯贵兹的才华。

少。"康科德圣人[1]这样说道。

我所认识的命运最为凄惨的男人，娶了个富有的女人，他为她照看她那广阔的地产，管理她的债券，并向她报告她的股票行情。如果股票没有拿到分红，或是土地休耕了，我的朋友就得向他泪眼婆娑的妻子以及各路尖酸刻薄的近亲解释原因。

这男人是个杰斐逊主义的民主党人，宣扬简朴的生活——因为我们总是宣扬那些不属于我们的东西。他在剪过尾的马群后骑着马，为出生到这个世上而感到遗憾，他成了一个穿着肃穆的黑衣的铁面男管家。

这个男人是为了家产而结婚的——他达到了目的。当他自己想要拿一笔资金时，却只得到少得可怜的施舍，否则就只能利用虚报开支来得一笔小钱。

如果他想要邀请朋友来家中，他必须证明他们出身正统、教养良好、品行端正，没有恶习或不良嗜好。

这个好人也许过着彻头彻尾的幸福生活，衣食无忧，但他有了去精神疗养院的倾向。因为在这里没有救治设施，只有贫困。由于没有结束婚姻的理由，这个男人即便想要变得贫穷也不行。他的妻子深深地爱着他，而且不管愿意还是不愿意，她每月五千美元的收入总是如期而至。

最终，在温泉镇[2]，死神治愈了他，让他脱离了苦海。

从这个小故事来看，我们不能设想财富和地位都是坏事。健康是潜在的能量，财富是引擎。如果你是机械师，就可以将它们用在好的方面。但如果被绑在引擎的飞轮

---

[1] 原文为"the Sage of Concord"，指爱默生（Ralph Waldo Emerson）。康科德在美国马萨诸塞州。1835年，爱默生和他的第二任妻子定居于康科德，他发现这个安静的地方十分适合居住和写作。于是以他为中心，一个文学社区发展起来，有许多作家和这个社区相关。报纸有时会用"The Sage of Concord"来称呼爱默生。

[2] 温泉镇是位于美国阿肯色州加兰县的一座城市。

上,那就是相当不幸的事了。假使我的朋友的地位能远远超过那些剪尾马,假使他能让管家服服帖帖,能公然对抗近亲,并设法对付妻子(且不让她察觉出来),一切也许会好一些。

但是要解决财富的绊脚石是个艰巨的任务。凡夫俗子能忍耐失败。因为正如亲爱的罗伯特·路易❶所指出的那样,失败很自然,但是,世俗的成功却是异常情况。为了能够成功,你必须坚韧不拔,还要让所有的神明都眷顾你。

阿卡扎宫从外表上看,坚固、结实且能自给自足。但是就像所有的宫廷一样,它是谬论、争吵、嫉妒和仇恨的巢穴,浸染着恐惧,从早到晚都不停碰撞、击打出一首铁砧大合唱。

→《教宗英诺森十世》
（委拉斯贵兹）

菲利普四世的皇室是一个有着一千余人的大家庭。他们中的任何一个都有可能在片刻间被贬为谪民——大臣奥里瓦雷斯的权利是绝对的。密谋和反密谋在这里是家常便饭。

宫廷对于它的大多数居住者而言就是监狱。这里毫无自由可言——思想被扼杀,灵感胎死腹中。然而生命仍然要突破重围。当贺瑞斯·格里利被关押在巴黎监狱的狭小牢房里时,他写道:"感谢上帝,至少我能免受打扰了。"

"监狱不一定由石头砌成,牢笼也不一定是用铁棍做的。"洛夫莱斯❷笑谈。一些世界名著不就是在监狱里写成的吗?有比较才有鉴别。如果管教过于严格,就根本无纪律可言。极端拘谨的虚假、虚伪和压抑的生活,伴随着"尔等不可"❸的一触即发,已经造就了许多勇敢、真实和

---

❶ 罗伯特·路易（Robert Louis Balfour Stevenson, 1850–1894）,苏格兰小说家、诗人、散文家和游记作家。
❷ 洛夫莱斯（Lovelace）,为塞缪尔·理查德森（Samuel Richardson, 1689–1761,英国作家）的小说《克拉丽莎》（Clarrisa Harlowe）中人物的名字,有色鬼或浪子的意思。
❸ 原文为"thou shalt not"。

诚恳的人。如果让弓尽可能地张开，你的箭就能射到更远的地方。禁止一个人思其所想，或行其所思，也许反倒给他的生活增加了偷盗的乐趣，平添了走私的趣味。在西班牙宫廷，委拉斯贵兹发现这里的生活就是谎言，公众的风度即是夸张，礼节便是虚假，所有的情感都装在密封的罐子里。上流社会不过是罐装的生活。当心爆发！委拉斯贵兹的确通过艺术家的勇气和个人的胆识获得了平衡。也许他在更自由的氛围里并不会有这种胆识。他没有将他的艺术别在袖子上。从表面看，他是顺从的，但内心里，他的灵魂高出任何琐碎的烦扰，小小王公贵族们令人恐惧又吹毛求疵的权力并没有对他产生任何影响。

西班牙在菲利普二世的统治之下逐渐强盛。她的船队驶向各个海域——世界就是她的财富宝库。当财富积累起来，生活的基本需求也得以满足时，艺术就随之而来了。菲利普建造了雄伟的宫殿，成立了学校，鼓励手工业生产，并派遣他的大使们前往世界各地搜罗艺术珍宝。国王是个务实的人，为人直率，有远见，说话直截了当。他知道所有东西的费用，研究出最佳路线，找出解决问题的最好方法。他有一腔热血和满腹谋略——国王就应如此。他的大臣们对他唯命是从。

对权力继承的冷嘲热讽，直至昨日还是一种显然令人惊异地、超出人类认知的东西。但是，且慢！人类总能看到它巨大的荒谬性——因此有了拷问台。

在西班牙宗教裁判所，教会和国家联合起来反对上帝。这似乎是极端邪恶而丑陋的，傲慢和虚伪也融入其中。然而牺牲也是有补偿的。就在所谓的被打败的那个时刻，精神插着胜利的翅膀飞回家了。被祝福了的或是获得了安慰的人，依然是自己命运的主宰、灵魂的船长。

宗教裁判所得到的教训是值得的——殉难者为我们带来了自由。战争的恶犬一旦被放向那些勇于思索的人，剩下的唯一后继者会是肥胖无用的狮子狗，即我们所谓的"社会排斥者"。这只狮子狗老态龙钟，牙齿掉光，也早就放弃了自省反思。没有獠牙的它，只能吃流质食物。它的唯一用处就是在马棚中搜寻耗子；在贵妇裙边打瞌睡；在梦中看看早已失落的狗天堂。捕狗人就守候在墙角。

菲利普三世是个萎靡不振、涂脂抹粉的花花公子。在他身上，修养已经开始枯萎凋零了。那些以自己的修养为傲的人们，反倒没有什么修养可言。艺术的全部魅力，这个人认为，仅仅是为他，以及他亲爱的同伴——一群口齿不清、衣着光鲜的公子哥儿和咯咯傻笑、矫揉造作的轻佻女人而存在。创造美之人亦即占据美之人的这种想法，从未在这个几乎能将疲惫的床板压垮之人的脑袋里闪现。

他生活就是为了享乐——因此他从未享受过任何东西。

在皇室猪窝里，餍足感突然袭击了他；消化和趣味逃之夭夭。菲利普三世很快地成为了轮椅上的木头印第安人，由国务大臣莱尔马公爵推着他。

➭《布拉达的投降》（委拉斯贵兹）

大型动物养活巨型寄生物，菲利普三世的皇宫也是如此，连同它的傻瓜、侏儒、白痴，和它的所有扭腰摆臀、玩杂耍、挥霍无度的荒唐事，都难逃一劫。当菲利普三世出行时，他派了几百人不分昼夜地敲打皇室所在之处附近的湿地，就为了让那里的青蛙们安静下来。

我想他是对的。

当透过这些伟大的宫殿的裂缝送去疟疾和黑夜时，死亡之神该会露出怎样的轻蔑的笑容？菲利普那肿胀的、没有一点国王气派的身体开始满是疾病和疼痛；萦绕不去的不安折磨着他；看不见、驱不走的魔鬼在他的床上起舞，强扭着他的四肢，疯狂地踩躏每一根颤抖的神经。就这样，他咽了气。随后，菲利普四世上台，凭着委拉斯贵兹为他创作的四十幅肖像画而不朽。在他父亲死时，菲利普才十四岁。他是个早熟的孩子，显示出一种远超出他年龄的强健和决心。祖父菲利普二世是他的理想，而且人们很快就明白他那种温和与简朴的统治，就是仿效了伟大的菲利普二世所走的路线。

国务大臣莱尔马公爵被罢免了，在很长一段时间里实际上是他在统治着西班牙。取代他的是年轻国王的侍从，温和有礼又俊美聪慧的奥里瓦雷斯。

奥里瓦雷斯来自塞维利亚，曾听闻过委拉斯贵兹的家族。就是因为他的影响力，委拉斯贵兹才很快得到了皇室家族的首肯。国王十八岁，委拉斯贵兹二十四岁，而奥里瓦雷斯并不比他们大多少——他们在一起就是一群男孩儿。而事实上，委拉斯贵兹如此轻松地保住宫廷画师的职位，则归功于他娴熟的绘画技巧，也许同样归功于他精湛的骑马术。

在哈佛大学的时候，我曾经见过有人坚持要把一位著名的"右内边锋"安排在修辞学教学助理的位置上。当发现这个"右内边锋"几乎完全无视自己将要去教授的科目时，人们只得不情愿地放弃了这个计划。即便在那时，还有人争论说，他可以靠"死记硬背"来应付教学——只要比他的学生们提前一节课熟悉教学内容就可以了。

但是奥里瓦雷斯知道委拉斯贵兹很会画画。艺术家俊朗的面孔、健壮的身形以及精湛的骑马术也起到了一些作用。年轻的国王之所以被认为是马德里最好的骑手，完全归功于委拉斯贵兹和奥里瓦雷斯煞费苦心地从不在竞技中超过他。

相比国王或委拉斯贵兹的生活，奥里瓦雷斯的自传更加适于作为研究生活的对象。国王和委拉斯贵兹一直都那么成功，阅读他们的自传没有什么乐趣可言。奥里瓦雷斯是在磨砺中成长起来的人的极佳例子。读历史时，请注意那些平凡的人是如何经常遇到巨大的冲击并解决所有问题的。我曾见过一件身为二等律师却荣升法官的荒谬之事，这甚至引发了人们的争议，但他只是保持沉默，审时度势，牢牢抓着自己的职位不放，就这样一直坚持到他终于能不辱其名。快马总是需要脚趾压重❶来获得稳定和平衡——因此人是需要尊重的。美国至少有三任总统出身平凡，他们毫不逊色于历史中的其他各任，他们与那些人同样伟大。有很多人会就此发表感想，认为这些人身上一直有着伟大的胚芽，等待着破土而出的机会。这个观点是正确的、肯定的、恰当的，但是还应该添上一个附加条件，那就是，每个人都有伟大的胚芽，只不过有些人成为了发展停滞的牺牲品。而成功就像花蕾里的虫子，以那些人粉嫩的脸颊为食。

→《塞尔维亚的卖水人》
（委拉斯贵兹）

---

❶ 脚趾压重是对赛马的蹄子进行处理以调整步伐的一种方法。

菲利普就这样被扼杀于花苞的状态,因为他没有摆脱奥里瓦雷斯的阴影。首相举办了涉猎活动、竞赛、庆典和化装舞会。菲利普简单的生活在黑色的衣着中渐渐褪色——所有的一切都像过去那样发生着。菲利普滑到了反击底线,他所签署的每一份文件,都是在他那温文尔雅、大权在握、游刃有余的首相的指点下完成的——这就是掩藏在天鹅绒手套下的铁手,真正的外柔内刚。从他二十岁开始,在对傀儡政权产生了第一次短暂恐慌之后,统治的新奇感就消磨殆尽了。于是在四十余年的时间里,他不再参与投票表决或是发起任何一个法案。首相管理他的娱乐消遣、风流韵事以及睡眠时间。国王被约束着,但却对此毫无感觉,而黎塞留般的奥里瓦雷斯就这样显示出了他的权力。没有事情能让国王去思考,而庄严的母亲——西班牙,在逐渐走向她的末日。

当委拉斯贵兹接受任命时,宫里已经有三位宫廷画师了。他们是菲利普三世委任的三个意大利人。他们的脑子塞满了先辈的传统。他们的作品的风格和老师的一样,而这些老师的老师又曾与提香共事过——艺术之美也就经过三次稀释了。现在我们之所以会知道他们的名字,仅仅是因为他们三人在委拉斯贵兹出现在宫廷时,唱响了一首动听的反对之歌。他们绞尽脑汁想让他失败,这演变为长期的艺术家的嫉妒,而最终的爆发将他们都埋葬了。这些下属宫廷画师的阴谋诡计、挑战和不断地打击是否对委拉斯贵兹产生过影响,我们无从得知。他以惊人的毅力走着自己的路,过着自己的生活——远在地位和权力的浮华之外的生活。

国王每天都要通过一条秘密通道去委拉斯贵兹的画室看他工作。这儿总有一把为他准备的椅子,甚至还有一个画架以及整套画笔和调色板,他会用这些来涂上几笔。已经来到马德里的帕切科,整日忙于侵犯塞缪尔·佩皮斯的版权。他也曾说过国王是个技巧娴熟的画家——只不过这一评价是在国王在世之时发表的。

除了让国王坐下来当模特，委拉斯贵兹想不出别的方法让国王安静下来。这个画室总有一张未完成的国王肖像。从十八岁到五十四岁，国王都给委拉斯贵兹当模特，让他给他画像。他总是摆出那锥子般的细腿、阴郁的脸和冷漠的神情。没有思想，没有灵感，没有希望，没有不计回报的爱，没有尚未实现的梦想。国王不会对他人仁爱，他总是心怀仇恨。而委拉斯贵兹并没有用他的艺术去奉承国王：他有着艺术的良心。真实，是他的指路明灯。委拉斯贵兹的伟大之处在于，所有的题材对于他来说都是平等的。他不会去挑选经典的或独特的题材。从来不会有画家在解释他们所挑选的题材时说，选择这个或那个是因为它们漂亮或有趣，但是他们会告诉你，之所以不选某一个是因为这个"不能入画"——意思就是说，他们画不了它。

➡《侍女》(委拉斯贵兹)

"我不会特别擅长写作某一主题——所有的主题在我看来都一样！"主持牧师斯威夫特❶对斯特拉❷说道。

"那就为我写篇关于扫帚柄的随笔吧。"斯特拉答道。

于是斯威夫特写了那篇文章，一篇充满了深奥难懂的道理和智慧以及迷人的洞察力的文章。

---

❶ 斯威夫特（Jonathan Swift，1667-1745），英国爱尔兰讽刺文学大师、散文家；政治檄文执笔者（起先为辉格党，后是保守党）、诗人、都柏林圣帕特里克大教堂主持牧师。以《格列佛游记》和《一只桶的故事》等作品闻名于世。

❷ 斯特拉（Esther Johnson，后多称为 Stella）乔纳森·斯威夫特生命中极为重要的女人。

菲利普长椭圆形的、毫无生气的脸是对委拉斯贵兹的挑战。他分析这个男人所拥有的表情上的全部阴影，从中剥离出他的灵魂。在基督教国家的每一条走廊的每一面墙上，都挂着这样的画像：面呈菜色、发卷紧密、双手无力，还有无神的眼睛。和标榜的权力毫不相称的这些特点，沉没了自身，却揭示了主体。

为什么说惠斯勒认为委拉斯贵兹是画家中的画家这一点是对的，原因就在于此。惠斯勒创作的《铁匠》，向你展示的就是铁匠，而不是惠斯勒；伦勃朗所绘的母亲的肖像表现的就是这个女人；弗朗茨·哈尔斯❶给你带来的是市长，而不是他自己。在所有作家中，莎士比亚是最客观的，他从不露出自己的马脚。

当鲁本斯绘制菲利普四世的肖像画时，他在人物的脸颊上添上了一抹生气勃勃的红晕——这可从未在这张脸上出现过。显示健康、快乐的生活是鲁本斯的画的特点，他的调色板离不开这些色调。鲁本斯的画作都是千篇一律的，因为这个人的想象力只出现在他对人物的匆匆一瞥中，这歪曲了他的色彩。他带给观众的永远是一大群鲁本斯。

但是且慢！"沉没自身"这个表达，不过是写作上的一种修辞手法。真正的画家从不沉没自身：他总是高高在上，凌驾于任何他所描绘的对象或主题。鲁本斯的作品中身强体壮的人物和他所表现出的愉悦欢快的主题，都显示了这个人的局限性。他还没有那么伟大，能够理解细小精妙的、无足轻重的和荒谬可笑的事物。只有非常伟大的人才能描绘侏儒、白痴、醉汉和国王。于是这个伟人的多面

---

❶ 弗朗茨·哈尔斯（Frans Hals，约 1580-1666），荷兰现实主义画派奠基人，尤以肖像画著称。

性不断欺骗着世界，让世界相信他和这样一群人是一伙的。或者，从另一方面来说，他在当时就"沉没自身"了。然而事实却是，他以自己的本性理解了全部。莎士比亚成为"普遍的人"，我们迷失在他那千回百转、令人惊奇的想象力中。越伟大也就越难以被人领会。

绘画初学者描画自己所见。或者，更准确地说，他描画他认为自己所看到的事物。如果他成长起来，接下来他将要描画的便是他所想象的，就像鲁本斯一样。然后这里还有一个阶段，那就是螺旋形上升的阶段。回转到初始时期，画家会再一次描绘他所见到的。

这是委拉斯贵兹所做的，同时这也是他的与众不同之处。最后的和最初的阶段之间的差别就在于艺术家已经学会了如何去看。

写作没有其他诀窍，只要知道写什么就足够了。绘画也没有其他诀窍，只需去看并理解你将描绘的对象。

"我是否应该就按着自己所看到的去画呢？"这个大画家以纯真之心问道。回答是："是的，为什么不以你描绘的样子去看待事物呢？"

➪《酒神的胜利》（委拉斯贵兹）

国王和画家一起渐渐成长起来。他们对犬马、艺术有着共同的认识。国王用这些来消磨时间、忘却自己。画家虽然也发现马和狗的确是消遣娱乐的好帮手，但是艺术对于委拉斯贵兹而言是一种信仰，一种神圣的激情。

名义上，宫廷画师和宫廷厨师是同级的，津贴也是一样的。但是委拉斯贵兹控制着国王，而国王对此亦毫无所知。就像所有奢侈放荡的人一样，菲利普四世也带着忏悔的痉挛，试图弥补不合理的开销。

我们都熟知那些挥金如土的人，不饿也不渴却把大部分钱用来胡吃海喝，拉上一群应该躺在床上的人坐着马车四处游荡，但到了第二天却只买一个三明治充当午餐，只为了省下五分钱的车费而宁愿走上一英里❶。我们中有些人做过这样的事情。当然菲利普也会偶尔挤出一点钱来买画布，还要对画布的大小抱怨几句，用颇为受伤的语气问委拉斯贵兹他用那最后一点儿布头画了多少幅画！但是委拉斯贵兹是个交际能手，能让他的君主一笑而过。然而，当这位艺术家去世之时，他的财产管理人不得不上诉国家，请求清偿十年前艺术家就应该支付的一笔款项。在忠心耿耿服务了二十年之后，在治国方略上胜过黎塞留的奥里瓦雷斯落得了不光彩的名声，还被解除了宫廷职位。

在争论中，委拉斯贵兹站在他的老朋友奥里瓦雷斯这一边，冒着招致国王强烈的不悦的危险。国王可以换掉他的国务大臣，却无人可以替代这位艺术家。于是菲利普强忍住怒火，允许委拉斯贵兹表达他的个人想法，但拒绝接受他的辞职书。

毫无疑问，菲利普没有让他和奥里瓦雷斯一起突然被贬黜。对委拉斯贵兹而言，这是一场灾难。如果委拉斯贵

---

❶ 约1.6千米。

兹被不满的国王一脚踢开，意大利就能拥有他，梵蒂冈也会对他敞开大门。在那里，他没有经济上的困扰，还能和实力与他不相上下的人在一起，受到鼓舞和提升。他也许会在绘画形式和色彩上创造出奇迹，这种奇迹甚至能让西斯廷礼拜堂令人叹为观止的天顶画❶也相形见绌。

但他也许不会这样做——还有什么能比这样的思索更无用却令人神往呢？

当奥里瓦雷斯被免职时，国王忍受着委拉斯贵兹沉着的指责。他仍然留下了这个他喜爱的画家，也许是因为鲁本斯向国王保证，委拉斯贵兹是一个堪为全欧洲任何人之师的艺术家。

委拉斯贵兹曾两次出访意大利，作为皇家大使为普拉多画廊征集雕塑作品，并顺带复制了原画。因此现在的普拉多有一大批委罗内塞、丁托列托和提香❷的作品，它们都是委拉斯贵兹复制的。

一幅由委拉斯贵兹复制的提香的作品，想想它的价值！这些复制作品极其忠实于原作，甚至还加上了签名和日期，以至于很难区分哪一幅是真迹，哪一幅是复制作品。

当鲁本斯奉曼图亚公爵之命带着礼物——由他自己完成的作品，出现在马德里宫廷时，我不禁这样想象：聪慧、高贵的鲁本斯和同样聪慧、高贵的委拉斯贵兹相聚在某个秘密的角落，伴随着瓶塞进出的声音、脸上带着的微笑以及轻声的忏悔。

在马德里，鲁本斯的到来给整个宫廷带来了一阵震颤，而只有委拉斯贵兹理解这种震颤意味着什么。因为他

---

❶ 西斯廷礼拜堂天顶画，由米开朗基罗创作。
❷ 三位均是意大利文艺复兴时期的重要艺术家。

➜《织女们》(委拉斯贵兹)

发现国王在委拉斯贵兹自己的画室里为给鲁本斯当模特做着准备。

委拉斯贵兹从未见过这种情形——他已经为国王画过数十次肖像,从没有其他人被允许给国王画像。他也很好奇这幅画最终会是什么样子。

鲁本斯,比委拉斯贵兹年长二十二岁。他似乎在这场比赛中显得较为收敛。而鉴赏家认为,在这位和蔼可亲的佛兰芒人创作于西班牙的各式画作中,这幅画中少了一些生机勃勃、欢快愉悦的鲁本斯式的绘画特征。

虽然人们嘲讽归于鲁本斯名下的许多绘画作品实际上由他的学生们完成,但当我们看到在短短九个月里,这位大师在马德里完成的数量惊人的作品——十二幅肖像画、二十幅复制作品以及一些群像时,这些讥讽就失去了论点。而且除此以外,当国王、鲁本斯和委拉斯贵兹出行远游;当他们要翻越山岭;当有宴会和招待要参加时,鲁本斯还要将时间花在马背上。鲁本斯那时已年过五十,但是他的青春之火,以及愉悦的如清晨般的活力,并没有被年岁削弱。

委拉斯贵兹有许多学生，但是在牟利罗身上，他作为老师的技巧才得以以最好的方式显示出来。他的学生中有一些画得和他几乎一样，除了一点：他们忽视了将生命的气息吹入自己的作品的重要性。但是委拉斯贵兹似乎鼓励牟利罗追随他自己的喜怒无常和郁郁寡欢的天性。于是，牟利罗成为了他自己，而不是一个稀释了的委拉斯贵兹。

委拉斯贵兹强大的行政管理能力，如同他作为画家的能力一般，深得国王赏识。因此，他被推至司仪的职位。在这份工作中，他在接连不断地、对细枝末节精益求精的要求上，消耗了人生最后的时日。他享年六十一岁，是没有价值的繁琐任务的牺牲者。但恰恰相反的是，愚蠢的国王认为这些工作与创作永不磨灭的画同等重要。

委拉斯贵兹的妻子与他是如此地密不可分，以至于在他去世之后八天，她也追随他而去——尽管医生宣称她是无疾而终的。丈夫和妻子被合葬在教堂的墓穴里，一百余年后这座教堂毁于火灾，且未被重建。没有一块石头标记出他们的长眠之地，而我们也不需要这样的一块石头。因为委拉斯贵兹就活在他的作品中。他所创造出的真实、光彩和美丽，悬挂在上百面墙壁上，是敢作敢为之人的灵感来源，也是现在和将来的无价遗产。

COROT

柯罗

太阳在地平线上渐渐沉落。嘭！他扔出了自己的最后一束光线，给浮云镀上了一丝丝的金色和紫色。现在，他完全消失了。好啊，很好！暮色降临了。天堂，多么的静谧！眼下的天空里只留下淡如柔柔的水雾的柠檬黄。这是太阳最后的残留。它投入了夜空的深蓝中，从绿色变为一种前所未见的细微的浅蓝绿色——一种无法形容的流动的精致……大地失去了它们的颜色，树木不过是灰色或褐色的条块……黑色的水面倒映着单调的天空。我们渐渐丧失了视物的能力，但是还是能感觉到万物各在其位。所有的一切都那么模糊、混沌。自然昏昏欲睡。夜晚清新的空气在树叶、花朵间穿过，鸟儿在轻声唱着它们的晚祷歌。

——柯罗❶写给格雷厄姆的信

绝大多数青年艺术家从在细节效果上下功夫开始创作。他们试图看清每一片树叶、每一根茎干，描绘每一个细节，并将它们展现在画作中。

细心描画并尽力完成作品的能力确实非常重要，但是伟大的画家必须在他绘制巨作之前忘却如何绘画。就像每个强大的作家必然在他写作之前把语法书放回架子上一样。我曾听威廉·迪安·豪威尔斯❷说过，任何一个教

柯罗肖像

---

❶ 柯罗（Jean-Baptiste Camille Corot，1796–1875），法国风景画家、版画家。
❷ 威廉·迪安·豪威尔斯（William Dean Howells，1837–1920），美国现实主义作家和文学批评家，以圣诞故事《每日都是圣诞节》（Christmas Every Day）闻名。

会学校聪明活泼的十六岁女孩，都能在修辞学考试中取得比他更好的成绩——这种坦承并不会损害豪威尔斯先生的名誉。

"你会建议我参加演讲术的培训吗？"有一次，一个立志成为亨利·沃德·比彻❶那样的演讲家的年轻人问道。

"是的，必须如此。一定要仔细地研究演讲术。但是一旦你成为了一名演说家，就必须忘掉它。"这就是回答。

刚开始画画的柯罗，像个孩童般画得十分粗鲁、粗糙、含糊，任何一个学龄儿童都能画出这样的画。接下来他开始"完善"他的草稿，这一工作伴随着无尽的痛苦。如果他画一幢房子的素描，就会表现这栋房子的屋顶是木制的，或是铺着稻草或瓦片。他画的树揭示了树皮的纹理以及树叶的形状，而每一朵花都盛着它的雌蕊和雄蕊，以表明画家熟知植物学。他二十九岁时创作于罗马的两幅作品《斗兽场》和《古罗马广场》（现藏于卢浮宫）就是优秀的作品——细节完整、描绘准确，显示出了扎实的基本功。它们是"防轰炸的"——批评界无可指摘、万无一失。可要当心啊，柯罗！在这里止步不前，你将成为一名无可挑剔的画家。也就是说，你会画得和其他上百个法国画家一样。你的作品会有市场，会得到批评家的赞许。在沙龙里你的作品绝不会被吹捧上天，也不会被打入坟墓。社会将向你献殷勤，窈窕淑女们对你微笑并鼓励你。你将成为一个成功人士。你的名字会安稳地列在那些不受争议的人中间。在你韶华已逝、两鬓斑白之前，你就会被一个时尚的新宠排挤掉。

有这样一个没有多少价值的事实，那就是有史以来最

---

❶ 亨利·沃德·比彻（Henry Ward Beecher，1813-1887），美国牧师、社会改革家和演说家。

伟大的两位风景画家都是在城市出生、长大的。透纳❶出生于伦敦，是面包师傅的儿子，命运如此紧地牵绊着他，以至于直到他成年才走出伦敦市区。柯罗生于巴黎，他作于二十二岁的第一张户外写生，是在熙熙攘攘的塞纳河边的码头中完成的。

五个实力强者构成了巴比松画派，而这些人之中，有三个在巴黎——轻浮的巴黎、乐都巴黎。柯罗、卢梭❷和杜比尼❸都是大都市的孩子。

↗《珍珠女郎》(柯罗)

我提到这些是出于对真实的兴趣，也是为了让良心安稳一点。因为我注意到，我对之前写到的这个城市男孩大加赞赏，好像上帝就只偏爱他似的。

透纳用他亲手绘制的作品（由头脑和心灵来强化的作品）挣了上百万美元，并给英国留下了被他废弃的一千九百多张素描。艺术史中是否还会有这样孜孜不倦、勤勤勉勉的人的例子呢？柯罗，身高六英尺❹，体重两百磅❺，脸色红润，简朴，诚实本分，穿着农民式的宽松上衣以及钉了鞋钉的木鞋，走路时还会轻轻哼着小曲。他习惯于一年去巴黎——他的出生地两三次。走在街道上，他身后总会跟着一群流浪儿。我在此说一句与本书毫不相关、略带贬损的话：这就像纽约百老汇街头的老约书亚·惠特科姆❻身后跟着一群流浪儿一样。

---

❶ 透纳（Joseph Mallord William Turner，1775-1851），英国浪漫主义风景画家、水彩画家和版画家。

❷ 卢梭（Henri Rousseau，1844–1910），法国原始主义画家，因做过税务员的工作，而被称为"税务员卢梭"。

❸ 杜比尼（Charles-François Daubigny，1817–1878），法国风景画家。

❹ 约1.82米。

❺ 约90.7公斤。

❻ 约书亚·惠特科姆是亨利·丹曼·汤普森（Henry Denman Thompson，1833–1911，美国剧作家、戏剧演员）于1869年创作的一部小短剧中的主角，是一个来自新罕布什尔（New Hampshire，美国州名）、想要闯荡大城市的"乡巴佬"。

英国贵族经常穿得像农场主一样，因为骄傲能通过简朴来表现。但是卡米勒·柯罗的这种毫不在意的姿态——如果这也算是一种姿态的话，就像装点在野鸭身上的羽毛一样，对他来说再自然不过了。如果装腔作势是自然而然的，那么就不是装腔作势了。而柯罗，这个世界上最简朴的人，却被许多人当作矫揉造作之人。他的作品是那么静谧、朴实，以至于艺术世界拒绝严肃地看待它。柯罗和瓦尔特·惠特曼❶一样谦逊，毫无虚荣之心。

在叛乱战争❷期间，惠特曼几乎散尽家财。他身心俱疲，因为他的财产和精力都用来照顾受伤的士兵了。在围攻巴黎时，柯罗本可以站在战事防御线之外，但是他不能容忍自己苟且偷生。他依然留在城里，与众人患难与共，把所有的钱花在照顾伤者身上。他夜以继日地照料病人，倾听垂死之人的忏悔，合上死者的双眼。对于每一个人来说，特别是那些普通百姓、激进党以及不装模作样、默默无闻的人来说，他就是"柯罗老爹"，这个七十五岁的健朗老人每到一处，都会给那儿带来坚定的希望和勇气。

柯罗和惠特曼一样，拥有着前所未有的幸福。

柯罗以一种无从考证的方式作画，而惠特曼的写作让人认为他是第一个以诗文来表达自己的人——前无古人，以他开始。他们拥有全部的时间；他们从不匆忙；他们邀请他们的灵魂一同游荡；他们喜欢每一个女人，以至于无法从中选择一个；他们都被嘲笑、被呵斥、被误解，即将离开人世他们才被人们所理解。尽管他们的作品不断地被拒斥，那些愚蠢、粗俗的人也不可能理解他们，他们依然

---

❶ 惠特曼（Walter Whitman, 1819–1892），美国诗人、散文家、记者和人文主义者，著有诗集《草叶集》。
❷ 指美国内战（1861–1865）。

在自己的道路上前行,平和而宽容——既不道歉也不解释,没有怨恨,也不仇恨任何人,且对所有人都很宽容。

世界对沃尔特·惠特曼的看法依然分为两派:一方认为他不过是个粗俗、漫不经心的作家,毫无技巧、风格或洞见可言;另一方相信他有着如此精妙入微的观察力,如此直入事物心脏的穿透力,以至于无人可比、无人能及。

在柯罗四十年的职业生涯中,有评论家说道,当他们屈尊并要提及柯罗的时候,"这里有两个世界——神的世界和柯罗的世界"。他被看做一个无害的疯子,他观察事物的方式和常人不同,所以他们纵容他,在沙龙里将他的画作连同许多损他的俏皮话,悬挂在"地下墓穴"。"柯罗自然"这一说法,现在仍然存在。

但是现在,这个观点逐渐有所发展,那就是卡米勒·柯罗是在寻找美。他找到了它——他描画他所见的,而他所见之物却是那些普通人没有能力看见、也从未见过的。科学告诉我们,对于某些极其微弱的声音,我们不发达的听觉是无法听到的。颜色有上千种晕染、混合以及变化,没有经过训练的眼睛是不能分辨的。

→《蒙特枫丹的回忆》(柯罗)

➻《芝特的桥》(柯罗)

如果柯罗能看到比我们所见的更多的东西，那为什么还要抨击他呢？于是柯罗已经渐渐地、十分缓慢地被人们所接受为一个有着超常能力的人——缺乏判断力的是我们，有缺陷的也是我们，而不是他。那些曾经扔向他的石块，如今凝聚成怀念他的纪念碑。

卡米勒·柯罗的父亲是一个农民，他漂泊到巴黎来寻找生路。他有活力，敏锐、聪明、节俭——如果一个法国人是节俭的，那么他的经济收入状况，能让康乃迪克州❶的牌子看上去像奢侈品牌一样。

这个年轻人当了一家纺织品店的店员，这家店销售女帽装饰品，正如绝大多数法国纺织品店一样。他严谨、一丝不苟，有着良好的教养，总是打着白色的领带。在这家店的女帽销售部职员中，有一个瑞士女孩，她来巴黎有着自己的打算：为了学习女帽和服装制作。她打算在学成之后返回瑞士那个有着自由和瑞士奶酪的地方，在她出生的村子度过她的一生，以给村民做衣服来谋生。

---

❶ 康乃迪克州（Connecticut），美国州名。

但她没有回瑞士，因为不久之后她就嫁给了这个带着白领带、一丝不苟的年轻纺织店店员。

我们的地球像个橘子那样圆，在两端略为平坦，而瑞士人是这个星球上最富足的人。瑞士比起地球上其他国家，少的是文盲、贫穷、酗酒，多的是受过教育的人以及自由。这已经持续了两百年。有人说原因在于，她没有常备军和海军。她的周边都是实力强国，他们是那般妒忌她，以至于相互间都不允许来骚扰她。她还没有强大到能与他们抗衡的地步。国家太小而不足以发动战争，于是她便有了必要的理由来只关注自家的政务。这也是一个人得以成功的唯一途径——管好你自己——同时也是一个国家的最佳政策。

瑞士人用头脑想出、用手实现创作的方式令人惊叹。在所有的瑞士学校中，学生们画画、缝纫、雕刻木头并动手实践。斐斯泰洛齐❶是瑞士人，而福禄贝尔❷更像个瑞士人而不是德国人。幼儿园的手工课都是由瑞士人教授的。数年来，我们在教育方针的制定上取得的巨大进步，就是坚持将幼儿园的概念推广到了更多地方。世界应该感谢瑞士人——他们的观点的深红色已经浸染了整个文明的思维。

瑞士人知道如何去做。

不论何处都需要来自瑞士的熟练工人。

那个巴黎店铺里的瑞士女孩还是个技巧娴熟的缝纫女工，她在工作中所展现出来的良好的品味和天赋，让她的

---

❶ 斐斯泰洛齐（Johann Heinrich Pestalozzi，1746-1827），瑞士教育学家，提倡实物教学法，即认识孩童独一无二的需要和能力。这奠定了现代教育的基础。

❷ 福禄贝尔（Friedrich Wilhelm August Fröbell，1782-1852），德国教育家、幼儿园创办人，斐斯泰洛齐的学生，他发展了幼儿园（kindergarten）的概念，并创造了现在用于德语和英语的这个词。

雇主们欢喜不已。有线索表明，他们曾试图劝说她不要和那个打着白领带的店员结婚。如果他们得逞的话，艺术世界将会有怎样巨大的损失啊！爱情比商业野心更强大，于是女工嫁给了年青的店员。后来他们有了一个小小的爱巢，可以让他们在一天的工作结束后双宿双栖。

一年之后，国内的紧张局势使得这个年轻女人选择待在家中，但是她还是不放弃她的缝纫活儿。有些顾客又找到她，希望她能为他们工作。

当小危机带来的压力得以安全度过时，年轻的母亲发现她能在家里拥有更多的顾客，干更多的活儿。于是一个女孩被雇来帮她，然后是两个、三个……

楼下的房间被加固了，安上了展示橱窗。它位于巴克街和皇家桥交汇的角落，能看到卢浮宫。这地方很容易找，如果下次你去巴黎的时候，最好也去看看——这是一块圣地。

柯罗已经向我们讲述了很多有关他的母亲的事情——这个法国人倾向于将他的父亲简单地看作虽是家庭的必备成员，却是不便打扰的附属品。也许这是从这一家的母亲那里汲取的观点。他的母亲是他的朋友和慰藉。柯罗的母亲聪明、勤勉并且机智。她体格强健，精神也很强大。

时机成熟时，她做起了自己的生意，买下了他们居住的房子，并给她的儿子和两个女儿存下了一大笔可观的彩礼和嫁妆。一直以来，柯罗的父亲总是打着白领带，对客人挂着一丝不苟的笑容，而对自己的家庭却很严肃。他还是做自己的老本行——店面巡视员，以让他那能干的妻子开的"女帽和女装制作公司"更为体面。

父亲对柯罗的期望就是他能够成为一个模范的店面巡视员，跟随他父亲的脚步。于是，尽管还是个孩子，这个男孩就开始在纺织品商店工作，谨记着父亲的教诲。

这个教诲，在接下来的年月里，应该让柯罗感激不尽。它让他养成把用过的东西放回原位、准确记账、把自己的工作安排得井井有条的习惯。而在他四十余年的艺术生涯中，他都以每天早晨七点五十七分准时到达工作室而感到自豪。

柯罗的母亲也是一个技巧相当娴熟的绘图员。在她的工作中，她会为花样设计草图。如果有意购买她的商品的顾客无法想象出花边的样子，她就会画出花边草图给他们看。

野蛮部落早在识字之前就能绘画。同样的，所有的儿童在学会阅读前也会画画。儿童的发展映照着人类的发展。柯罗像所有的男孩那样画画，他的母亲鼓励他这样做，还给他提供范本。

➻《蓝衣夫人》(柯罗)

当他开始在纺织品店工作时，就在柜台上画草图，上面还经常装点着一行行多余的、鬼画符般的文字。但是这些画作未必能说明他将来会成为伟大的艺术家——上千个纺织品店店员都画过草图，而他们的余生也依然是纺织品店店员。但是一个好的纺织品店店员不能画得太多或太好，否则他们就不能在自己这一行脱颖而出，从而在某一天掌管某个部门。

卡米勒·柯罗在男子服饰用品店干得并不好——他的心不在这里。作为某个正在萌芽的艺术天才，他是我所知的人之中表现得并不那么差的一个。他在一家杂货店当店员。当一个女人走进来要了一打鸡蛋和半蒲式耳❶土豆时，这个天才数出了一打土豆，给这位顾客送上了半蒲式耳的鸡蛋。

当一个陌生人走进来要求见店主时，这个漫不经心的

---

❶ 1 蒲式耳土豆等于 60 磅，约 27.2 公斤。半蒲式耳土豆约有 13.6 公斤。

年轻店员回答道:"现在他正好出去了,但是我们有些和他的货差不多好的货。"

柯罗并没有能力让别人相信他们需要一些并不必要的东西——在小心翼翼的人际交往和坚持己见背后,他们只要他们想要的。男孩的愚钝让这个优秀的父亲提前衰老了——正如父亲所宣称的那样。为人父母的苦楚,很难一一道来。卡米勒·柯罗是个失败者——他又壮又胖还很懒,脾气好得让人抓狂。他在卢浮宫里闲逛,张着嘴杵在克劳德·洛林❶画作前,直到值班员要求他挪个地方。他的母亲懂点儿艺术,他们总在一起讨论所有的绘画新作。父亲对此提出异议:他公开声明母亲在鼓励男孩继续这样浑浑噩噩、胸无大志地过日子。

柯罗丢了他的工作。他的父亲让他去了另一个地方。一个月之后他们又让他停工了两周,然后给他送了张纸条,告诉他不要再去了。他在家徘徊闲荡,拉拉小提琴,在他母亲的缝纫女工工作时给她们唱歌。那些女孩们都喜爱他——如果他母亲出门了,留他照看店铺,他就给所有人放假,直至夫人回来。他温厚的脾气无人可抗拒。他嘲笑橱窗里的帽子,偷偷地画下那些过来试穿的客人,甚至还对他母亲为了挣得一点儿小钱而迎合那些认真过头的有钱人的事,发表一通没有意义的评论。这些摆出一副严谨的态度的顾客还经常讨论起荷叶边、蝴蝶结、胸衣和饰有缎带的便宜货,就好像她们才是永恒的真理。

"我妈妈是一个雕塑家,她改进了自然,"有一天柯罗对那些女孩说,"一个女人即使身形不好看,柯罗夫人也能让她展现最完美的身材比例,让那些男人们立刻拜倒在

---

❶ 克劳德·洛林(Claude Lorrain,约1600-1682),法国巴洛克时期的艺术家,活跃于意大利,以风景画著称。

她裙下。"但类似这样的诙谐的评语从未出现在他父亲身上。表面上看，柯罗对他的父亲毕恭毕敬，其尊敬的态度甚至令人怀疑。父亲"管束"着他——但除此以外便没有什么了。

在阿喀琉斯·米夏隆❶的画室，柯罗结交了一个朋友——雕塑家的儿子克劳德·米夏隆。小米夏隆的雕塑技法超群，画技相当了得，而且毫无疑问地，正是他燃起了年轻的柯罗心中希望的火焰。他准备开始自己的艺术创作生涯，而这一点恰恰是老柯罗强烈反对的。

年已二十六的卡米勒·柯罗，职业却如此漂泊不定，完全是个失败者，正如过去的十年那样。他对自己说服父母并无多少信心，也不大愿意去劝说父母赞同自己的想法。他像孩子那样顺从，不会也不能做任何事情，除非他得到允许——这多少是出于被"管束"的原因。

最终，他的父亲无可奈何地说："卡米勒，你已经到了继承家业的年纪。但是由于你不愿抓住这个机会，成为一名商人。那为何不这样，我给你每年三百美元的生活费，你按照自己的想法生活。但就这些，你别想再从我这里多要哪怕一分钱。我想说的已经说完了。现在，你走吧，去做你想做的事情。"

柯罗的父亲一言既出，驷马难追。而且这听上去和阿尔弗雷德·丁尼生❷的祖父对阿尔弗雷德说出的评论惊人地相似："这里有一几尼❸，赠给你的诗。就这些。这就是你能从诗歌上得到的第一笔以及最后一笔钱。"

---

❶ 阿喀琉斯·米夏隆（Achille-Etna Michallon, 1796-1822），法国风景画家，柯罗的老师兼好友。

❷ 阿尔弗雷德·丁尼生（Alfred Tennyson, 1809-1892），英国维多利亚时期诗人。

❸ 几尼（Guinea），英国十七世纪后半期到十九世纪初期流通的一种金币，每几尼相当于 21 先令，现值 1.05 英镑。

➥《芒特的嫩叶》(柯罗)

柯罗听到他的父亲的决定后高兴得迸出了泪花,他激动地拥抱了板着脸的、打着白领带的父亲。

他马上开始了自己的艺术事业,还用即兴的歌剧咏叹调,向缝纫女工们宣告了他的打算。他拿上画架和颜料,奔向拉船道,去进行他的第一次户外写生。

很快,姑娘们成群结队地过来,为了看看工作中的卡米勒先生。有个女孩,罗斯小姐,留在那儿的时间比其他姑娘更长。时光荏苒三十年后,柯罗在1858年提到了这件小事,并补充道:"我没有结婚——罗斯小姐也没有结婚。她还健在,就在上个星期还来这儿看过我。啊!事情发生了多大的变化啊——我依然保留着我的第一幅画作——还是那同一幅画,重现着当年的时光和景致,但是罗斯小姐和我,我们又在哪里呢?"

从透纳和柯罗可以追溯到同一位艺术前辈。正是克劳德最先点燃了面包师之子❶的心火,也正是克劳德冲淡了

---

❶ 指透纳。

卡米勒·柯罗对缎带和男装的热情。

透纳坚定了他的信念,那就是他的某幅作品一定会出现在国家美术馆的墙上,挂在"克劳德·洛林"❶的旁边。而今天,你在卢浮宫可以看到"柯罗"和"克劳德"肩并肩地排列着。这些人有着奇异地相似点,然而就我所知,柯罗从未听说过透纳。尽管如此,他深受英国画家康斯太布尔❷的影响。康斯太布尔和透纳同岁,而透纳曾一度是他较为强劲的对手。

在康斯太布尔、透纳或柯罗出生之前,克劳德已逝世百年。但是时间不过是个幻象,所有的灵魂都处于同一时代。从精神上看,这些人都是同时代的人,都是兄弟。克劳德、柯罗和透纳都终身未婚——他们都与艺术结下了婚约。康斯太布尔成熟得很快,他获得了金几尼的回报,陷入了上流社会的丝绸之网。成功来得比他所能承受的速度更快,他成了大脑脂肪变性的牺牲品,死于对沾沾自喜的猛烈攻击。

大约在 1832 年,康斯太布尔在巴黎举办了个人画展——这对英国人来说是颇为需要勇气的事。巴黎当时且现在依然持有的对英国艺术的看法,如同英国人现在对美国的艺术的评价一样——不过要插入说明,有三位美国人,惠斯勒❸、萨金特❹和阿比❺,让英国人对美国的艺术家的流言蜚语停止了。

约翰·康斯太布尔在巴黎的画展受到了好评。批评家认为,他的画作和克劳德·洛林的作品惊人地相似。康斯

---

❶ 指克劳德·洛林的画作。
❷ 康斯太布尔(John Constable, 1776–1837),英国浪漫主义画家。
❸ 惠斯勒(James McNeill Whistler, 1834–1903),美籍英国画家。
❹ 萨金特(John Singer Sargent, 1856–1925),意大利籍美国画家,以社会肖像闻名。
❺ 阿比(Edwin Austin Abbey, 1852–1911),美国艺术家、插画家和画家。

➡《沐浴中的戴安娜》(柯罗)

太布尔的确有意识地模仿了克劳德。柯罗看到了这个英国人的作品,意识到这些正是他想画的,于是对之五体投地、顶礼膜拜。整整一年,他都放弃了"克劳德",而画得更像"康斯太布尔"了。

曾经有一段时间,透纳的作品风格和康斯太布尔的极为相似。因为他们有着同一位老师。但是有一天,当透纳被卷下海岸❶,就再也没有人能与他并驾齐驱了。

无人能复制柯罗。他摆脱克劳德和康斯太布尔的影响、获得自由之后创作的作品,有一种充满幻觉的、无形的、微妙的特性。没有一个模仿者能够在自己的画布上把握这种特性。即便是柯罗也不能复制自己的画作——他的作品是精神的产物。他的作品所表达出的东西,超越了手头技巧,也超越了单纯的绘画知识。你可以复制一幅"克劳德",你也可以复制一幅"康斯太布尔",因为这些画作有着清晰的轮廓和可以触摸的形体。表现树叶上微微闪烁的阳光;雪白杨翻过来的叶面;垂在冰面上的黄柳树;扫过天际的浮云;在海岸边嬉戏的波浪;草叶上熠熠反光的露珠以及黄昏时分偷偷涌上的柔软薄雾,克劳德是第一位这样做的画家。

康斯太布尔也做到了这些,他画得和克劳德一样好,但并没有超过他。他从未走出微型肖像画的阶段。如果他画一滴露珠,它便是真的在那里。他画的草叶的边缘、随风而动的百合花茎和蛛网,都栩栩如生。

柯罗以细致入微的方式创作了好几年,但是渐渐地,他发展出了一种大胆的特性,能给我们以露珠、蛛网、

---

❶ 透纳擅长描绘自然现象和自然灾害,他曾把自己绑在船桅杆上,体验暴风雨中的大海景象。

叶子和高百合花的印象，而不将它们完全画出来——他给你这种感觉，那就是全部。它激发着观者的想象力，如果他的心深有感触，就能看到只有灵魂之眼才能观察到的东西。

那淡淡的、银色的调子，那分离了可见和不可见之物的朦胧边线，如果没有柯罗这位大师对自然内心的渗透，是绝不可能模仿出来的。他知道他无法解释的东西，他保守着自己不可泄露的秘密。在他的画作之前我们只能静静站立——他解除了批评的武装，打击了吹毛求疵者，让他们哑口无言。站在柯罗的画作前，你最好屈服让步，让它的美抚慰你的心灵。他的色彩是单薄而极为简单的——他的作品里没有挑战，透纳的作品也是如此。绿色系和灰色系占了主要地位，而单纯的黄色调是愉悦、轻快、雅致、优美又活泼的，就像穿着朴素无华的衣裳的年轻貌美的女子——仍然是个女子。柯罗用色彩来玩弄情调——浅浅的淡紫色、银灰色和清澈的绿色。他诗化了他所碰触的每一处地方——安静的池塘、一丛丛灌木、森林的清晨、宽广的草甸和曲折的流水，它们都蕴含神圣的暗示和愉悦的期盼。有些事情即将发生——某个人的到来，那个为我们所爱的人。你几乎能感受到一缕淡淡的、长久潜伏在记忆中的、从不会被遗忘的香气。欣赏柯罗的画作就是与你仰慕、敬爱的一切的相会。它论及欢欣愉悦的、充满希望和期待的青春。这种风格是古希腊式的。如果古希腊人为我们留下了绘画作品，那么任何一幅都会像是柯罗所绘的。

柯罗拥有的那种欢闹、孩子式的喜悦，这在他写给史蒂文斯·格雷厄姆的信中表露无遗。毋庸置疑，这封信写于成功完成画作之后的陶醉。普通人的生活中没有什么能比这个带来更大的愉悦。

乔治·摩尔描述了柯罗陷入这类狂喜情绪的情景：

"大师独自站在树林的原木上,就像跳着舞的农牧神[1],带领着一队假想的管弦乐队,沉默却拥有极大的热情。在平时,当柯罗抓住了画面中的某种效果,他就会奔跑着穿过还有农民在耕种的田野,抓住那个惊讶的人,拉着他,站在画布前大喊着,'看啊!啊,现在,看啊!我跟你说过吧!你以为我绝对不会抓到它,哈哈!'"

随便让无拘无束的精神嬉戏玩闹,这在柯罗身上体现得极为明显——而这也是应该被推崇的。与苦苦挣扎、在努力安分守己的道路上白白浪费上帝赐予的天赋相比,走到户外,走进森林,放声高歌,像个孩子那样,是一件多么美好的事情啊——不管那是一条怎样的道路!

柯罗从未写过比给格雷厄姆的那封信更美好的东西。而且,就像一切美好的文字那样,是在对将来没有抱任何警戒之心的情况下写的。他从来就没想过这封信有一天会被出版,因为如果他想过这些的话,他也许就写不出什么值得出版的东西了。它是用铅笔潦草写成的,是带着内心的热度,在室外写成的,就在他刚刚完成了一件特别的上乘佳作之后。任何一个写柯罗的人都会引用这封信,而且这封信有各种语言的翻译版本。它不能被逐字逐句地翻译,因为它的语言在翻腾、在闪光,像瀑布般飞流直下。它忽视了所有的语法,忘记了修辞,只能让你静静地去感受。我和任何一个翻译它的人一样很好地将它译出来,然而我不会增加哪怕一点与这封信的精神不相符的东西。我略去一些文字,并按自己的领会来为之分段。

以下就是这封信:

    风景画家的一天是神圣的。你嫉美时间,于

---

[1] 农牧神(faun),罗马神话中半人半羊的神。

是三点钟起床——早在太阳升起，作为你早起的榜样之前。

你走入静谧中，坐在树下，注视着，等待着。

一片漆黑——夜莺已进入梦乡，前半夜的所有神秘的声音都停止了——蟋蟀在熟睡，雨蛙也找到了能安稳地睡觉的地方，甚至星星都悄悄地隐去了。

而你在等待。

一开始，几乎什么都看不到——只有在蓝黑色的天空下映衬着的暗色的、鬼怪般的形状。

自然掩藏在面纱之下，模糊地呈现出一些形体。空气里飘荡着春天潮湿的、甜甜的香气——你深深地呼吸着，一种虔诚的感觉贯穿了你全身。你闭上了眼睛，忽然间对自己的生命充满了感激，并开始祈祷。

你没有让自己长时间地闭着眼睛——有些东西在蠢蠢欲动。你开始期盼着、等待着、倾听着，你屏住了呼吸。所有的一切都在微微颤抖，那是

➡《林妖的舞蹈》(柯罗)

一种近乎疼痛、在即将到来的一天会令精神为之振奋的拥抱下的颤抖。

你的呼吸加快了,然后你屏息倾听。

你等待着。

你凝视着。

你倾听着。

砰!一道淡淡的金光从地平线射向了天顶。黎明不是在一瞬间到来的:它偷偷地向你靠近,跳跃着,狡猾地大步前行,就像在部署前方边哨。

砰!另一束光线,而第一束正在将自己弥漫在整个紫色的天穹上。

砰,砰!东边已经完全变红了。

你脚下的小花正在愉快地醒来。

你听到了叽叽喳喳的鸟鸣。它们唱得那么欢畅啊!它们究竟是什么时候开始唱的?你看着光线时把它们忘了。

每一朵花都饮下颤动着的露滴。

叶子感受到晨风的凉爽,在令人神清气爽的空气中来回舞动。

花儿在喃喃自语,进行晨祷,伴随着鸟儿们的晨歌。

有着透明的翅膀的小爱神,停歇在从草甸上伸展出来的小草那高高的叶片上,罂粟花纤长的花茎和野地百合在温柔微风的亲吻下,摇晃着,摆动着,摇摆出小步舞的舞姿。

啊,这一切是多么的美!上帝送来了怎样的善!多么美!多美啊!

但是谢天谢地,画架!我几乎要忘记画画了——这场展览是为我一人举办的,我无法对此做出改变。我的调色板、画笔——都在!都在!

我们什么也没看到——但是你能感受到风景就在此地——赶紧地，远方的农舍正从白色的薄雾中慢慢出现。到你的画架那儿去——走！

哦！全部都在半透明的轻雾背后——我知道——我知道的——我就知道！

现在白色的轻雾像幕布般升起——升啊，升啊，升啊！

砰！太阳升起来了。

我看见了河流，它就像展开的银色丝带。它蜿蜒曲折，一直流向远远的、远远的地方。

树木、草地、草甸、白杨、依依垂柳，与向着山边卷去、翻滚上升的薄雾，一一展现。

《读书间歇的女人》（柯罗）

我画啊、画啊、画啊，我唱着、笑着、画着！

现在能看到我之前猜测的一切了。

砰，砰！太阳已经升到地平线上——巨大的金色圆球被蛛网固定在那儿。

我看到了蜘蛛编织的蕾丝——上面的露珠闪闪发光。

我画啊、画啊，唱着歌，画着画。

哦，如果我是约书亚，我要命令太阳静止不动。

如果它真的静止不动了，我将感到抱歉，因为没有东西会静止不动——除了一幅糟糕的画作。好的画作充满了动感。静止不动的云不是云——运动、活力、生命。是的，生命就是我所想要的——生命！

砰！一个农民走出了农舍，就要走向草甸。

叮、叮、叮！在系着铃铛的公羊的带领下，走来了一群羊。请等一等，小羊啊小羊，一个伟大的人将要把你们画下来。

好啦，不用等了。总之，我不想画你们了。

砰！所有的东西突然闪烁着光芒——上万颗钻石洒向草地、百合，还有摇动着高大树干的白杨。钻石布满了蛛网——不论哪儿都散落着钻石。闪耀着、跳动着；闪烁着的光芒——波荡起伏的光芒——淡淡的，惆怅的，可爱的光芒；轻触的、羞涩的、哀伤的、恳求的、感激的光芒。哦，惹人爱怜的光芒！清晨的光辉，终于降临，向你展示着一切——而我则不停地画啊、画啊、画啊。

啊，漂亮的红母牛跳入了与她脖子上垂着的肉一般高的湿润的草地中！我要把她画下来。来吧——画好啦！

这是西蒙，我的农民朋友，从我的肩膀上方探过头来。

"嘿，西蒙，你认为画得怎么样？"

"非常好，"西蒙说，"非常好！"

"西蒙，你认为它是什么？"

"我？嗯，我想，它是个红色的大石块。"

➡《河边女孩》（柯罗）

"不，不，西蒙，那是头母牛。"

"好吧，你如果不告诉我，我怎么会知道。"西蒙答道。

我画啊、画啊、画啊。

砰！砰！太阳越来越接近树的顶端。

开始变热了。

花儿垂下了脑袋。

鸟儿变得安静。

我们现在能看到很多了——这儿没有什么了。艺术是一种灵魂——你能看到并明白的东西，不值得去画。只有不可触摸的东西才是美妙绝伦的。

回家吧。我们将享用午餐，小憩片刻，做个好梦。就是这样——我将梦见不会停留的早晨，我将梦见我的画作完成。然后我就会起床，抽会儿烟，完成它，也许吧——谁知道呢！

让我们回家吧。

砰！砰！现在是晚上了——太阳落下了。我才知道一天的结束时分会有这般美丽——我以为早晨才是美的时候呢！

但这并不对——太阳已经处在黄色、橙色、亮胭脂色、樱桃色、紫色的迅速扩张的背景中了。

啊！它自命不凡、粗俗。自然想让我赞美她——我不会。我要等待——夜晚的空气精灵很快就要来给干渴的花朵带来他们的露珠和雾气。

我喜欢空气精灵——我会等着。

砰！太阳在视线内沉下了，留下了一抹紫色，一抹和黄玉色稍微相接的淡灰——啊！这就好多了。我画啊、画啊、画啊。

哦，上帝，多么美——多么美啊！太阳已经

›《阿戈斯蒂娜》（柯罗）

消失了，留下了柔软的、明亮的柠檬色——半熟的柠檬的颜色。光线化开了，融入夜晚的蓝色。

多么美丽！我必须要抓住——即便现在它正在褪去。但是我已经拥有加深的绿色、暗淡的蓝绿色调，还有无尽的精致、优雅、流动和缥缈的感觉。

夜晚临近了。黑暗的水面倒映着天空的神秘。风景褪去了，消失了，不见了。我现在看不见它们了，我只能感觉到它们在这儿。

但对于一天来说这已足够——自然即将睡去。很快，我也会如此。让我在一个地方静静地坐着，享受寂静吧。

渐起的微风在树叶间叹息，还有鸟儿、花朵的唱诗班，在唱着它们的晚祷歌——它们中的一些，在哀伤地呼唤失去的配偶。

砰！一颗星星在池塘里投下了自己的影像。

现在，周围的一切都模糊而幽暗——蟋蟀接着唱鸟儿们没有唱完的歌。

小小的湖面正闪着光，闪闪的星星如期排列着。

被映照的是最好的——湖面只为了映照天空——自然的镜子。

太阳已经入眠。一天过去了。但是艺术的太阳升起了，而我的作品也完成了。

让我们回家吧。

巴比松画派——顺便一提，它从不是一种流派。如果现在它还存在，也不会是在巴比松。它由五个人组成：柯罗、米勒❶、卢梭、迪亚兹❷和杜比尼。

柯罗最先看到它——这个巴比松的落后的小村子，安扎在枫丹白露森林的脚下，在巴黎东南方三十五英里❸处。这一年大概是1830年。当时没有人买柯罗的作品。这位艺术家曾经应该怀疑过会不会有人想买。他的收入是每天一美元——而这已经足够了。如果想去某个地方，他便走路去。于是有一天他背着行囊，走到了巴比松。他在这儿找到了一家小旅店，古旧而简朴。他在那儿呆了两天。

店主很喜欢这个大块头的快乐的陌生人。在他的全套绘画工具上挂着一把曼陀林、一把口琴、一把吉他和两到三个叫不上名字的小乐器。画家为村民演奏音乐，还受邀在客栈的墙上画了张速写，以此来支付他的食宿费。这幅速写直至现在还在那里，很容易就能看到，像马丁·路德❹在艾森纳赫❺扔向魔鬼的墨水瓶泼在墙上溅开的斑点一样。

当柯罗回到巴黎时，他展示了数张在巴比松创作的画作，还提到了那个小小的安乐窝——在那里生活是那么便宜而舒适。

很快地，卢梭和迪亚兹去巴比松呆了一个星期，之后杜比尼也去了。

几年之内，巴比松成了艺术家和衣衫褴褛的波西米亚人远足观光的景点。他们中的大多数人已经完成了自己的

---

❶ 米勒（Jean-François Millet, 1814–1875），法国画家，巴比松画派创始人之一。
❷ 迪亚兹（Narcisse Virgilio Díaz de la Peña, 1807–1876），法国画家。
❸ 约56.3千米。
❹ 马丁·路德（Martin Luther, 1483–1546），德国宗教改革发起者。
❺ 艾森纳赫（Eisenach），德国中部城市。

工作，现在他们短暂的生活被休憩所环绕。

卢梭、迪亚兹和杜比尼，都比柯罗年轻，早在柯罗出现在评论家的视野中之前就已功成名就。最终柯罗得到赞誉，很重要的原因是他们都极力宣称他们曾与他共事过。

1849年，让·弗朗索瓦·米勒和他的一大家子在巴比松的驿站停下来，开始了在这儿二十六年的工作。这为他自己和这个地方带来了不朽的声名。当我们谈到巴比松画派时，我们的脑海中就会浮现《背柴把的人》那低沉的色调——棕色、黄褐色以及暗黄色，消融在对逝去的一天的忧郁中。

➜《和小爱神嬉戏的林中仙女》(柯罗)

而仅仅在几英里之外靠近山脚的地方住着罗莎·邦贺❶。她太忙碌了，以至于没有心思关心巴比松。或者，如果她想起巴比松画派，就会带着一种蔑视来看待它。而"画派"对这种蔑视也回以不屑。

在巴比松客栈，波西米亚人过去常常唱关于罗莎·邦贺的马裤以及"建造了一个动物园的夫人"的歌。"画派"不尊敬罗莎·邦贺是因为她只管自己的事情，而且她仅卖《马匹展示会》一幅作品所挣的钱就比整个巴比松画派在其存在之时挣的钱还要多。

巴比松画派中只有两个名字很响亮。杜比尼、迪亚兹和卢梭都是伟大的画家，他们每一个人都有弟子和模仿者，这些追随者画得跟他们一样好。但是柯罗和米勒鹤立鸡群，无人可以理解，也无人可以与之匹敌。

然而这两位艺术家却完全不相似！仅比较《跳舞的空

---

❶ 罗莎·邦贺（Rosa Bonheur, 1822–1899），法国动物画家、现实主义画家、雕塑家。

气精灵》和《拾穗者》这两幅画,你就会发现两者间巨大的差别。米勒所有作品的主题都是"人开始工作直到夜晚"。工作的辛苦、艰难险阻、英雄般的忍耐坚持、乏味的单调重复、忍受痛苦和负担,这些东西覆盖了米勒的画布。他全部的深沉真实、持久的忧郁以及粗犷的庄严都在这里。因为每一个自由工作的人,都只是简单地复制自己。这才是真正的作品——解释自我,展现自我。米勒的风格有着如此强烈的标识、如此深刻的印记,无人敢去模仿。它被永久的版权所保护着,以艺术家的生命之血签署并封印。然后来了一个愉悦的、漫不经心的、不惹任何麻烦的柯罗,没有忧伤,没有委屈抱怨,没有他认为的所谓敌手。他甚至爱着罗莎·邦贺,或者可能爱上了。他曾经说过:"如果她锁上的只是她的狗,如果她穿上了女人的衣服,也许……"柯罗工作时喜欢唱歌,除非他在抽烟。而如果他正抽着烟,拿开烟斗也只是为了提高唱歌的声音。柯罗画着画并唱着歌;"啊哈——特啦啦啦。现在,我要画个小男孩——哦呵,哦呵,特啦啦啦——啦呜——哦呵——可爱的小男孩——而这里来了一头母牛。呆在那儿别动,小牛牛——看在亲爱的艺术的份上——特啦啦啦,

➪《躺在乡间的仙女》(柯罗)

啦呜!"

近看柯罗的一幅作品,倾听它,你总能听到潘神箫的回响。情人们坐在长满青草的河边,孩子们在树叶间欢腾,空气精灵在每一处空隙跳舞。而在树枝之间,俄耳甫斯轻轻地走来了,手上拿着竖琴,向清晨致敬。在柯罗的作品中从不会出现一丝忧虑——所有的一切都是用爱来滋润的,盛满了生命的丰盛礼物,充满着对一天中畅饮的狂喜的祈祷和赞美——感谢宁静、甜美的休憩和日暮。

➡《梳妆》(柯罗)

比米勒年长十八岁的柯罗,是第一个欢迎这个四处碰壁的艺术家来到巴比松的人。柯罗和米勒分享了他仅有的小店。当他身无分文,除了自己便无可给予时,他就为米勒的家庭唱歌、演奏吉他。1875年,米勒感到了死亡之夜的寒冷降临在他身上,他害怕它也会降临在他所爱的人身上。这种恐惧如幽灵般缠绕着他的梦境。此时柯罗向他保证,在米勒夫人有生之年,他每年都会给这个家庭一千法郎,直至最小的孩子成年。

就这样,让·弗朗索瓦·米勒去世了。

1889年,一个美国财团以五十八万法郎买下了《晚钟》。1890年,法国政府机构又以七十五万法郎的价格将之购回,现在这幅画在卢浮宫里找到了它最后的归宿。

米勒逝世几个月后,柯罗也离开了人间。

柯罗是大器晚成的绝好例子。他的绘画技巧直到七十一岁时才达到巅峰。当他八十岁时,仍然工作不息,直至最后一刻。在他的艺术里,没有"衰退"这一说。

直到他年近七十五,方才得到应有的重视。因为直到那时，来自世界各地的买家才第一次包围他的住所。那些曾经买过他的画作的少数人，通常是画家的朋友，他们当时是抱着这样一种可敬的想法去买画的：帮助一个值得帮助的人。

柯罗一生的最后几年，收入已经超过了一年五万法郎。他曾经说："这远远高出我整个人生里的卖画所得。"那时他流着泪送别了那些宝贝作品——长久以来它们都是他最亲密的伴侣。

"你知道，我是一个收藏家，"他总是这样说，"但是作为一个穷人，我不得不自己画出我的全部收藏——它们是不出售的。"

也许他能保持他的收藏不被破坏，如果不是他那般需要钱，他绝不会把它们卖掉。

巴比松画派里各种各样的画家中，柯罗也许是最长寿的一个，而且他也将一直保持这个最高纪录。他的艺术比卢梭的更独特，较杜比尼的更有诗意，而且不论从何种意义上说都比米勒的更美丽。1875年2月22日，卡米勒·柯罗逝世时，是巴黎最受欢迎的人。五千名艺术学院的学生戴了整整一年的黑绉纱来纪念"柯罗老爹"——一个快乐地画着画的人，一个长寿的人。他是直到最后一刻，还将早晨的香气和日出的仁慈之美印刻在心里的人。

CORREGGIO

柯勒乔

是怎样的天赋让你揭示了这所有的奇观？世上所有的美丽景象都喷涌而出，与你相会，热切地投入你的怀抱。当微笑的天使们托起你的调色板，崇高的精神以它们全部的光彩，像模特那样站在你内心的幻象前，这一聚会是多么令人愉悦啊！哦，柯勒乔❶，倘若未见你的作品，你的帕尔玛大教堂，便不可说自己来过意大利，就不能说自己已经知晓艺术的崇高秘密。

——路德维格·蒂克❷

对于普通人而言，不会有任何一个时刻的到来，有如和谐一致的瞬间那样充满着如此之多的平静和宝贵的欢乐。如果天使曾经守护过我们，他们一定会在那时出现。原谅和被原谅的难以言喻的快乐所形成的狂喜也许能激起神的嫉妒。神学家如此深入地了解这一点！毫无疑问，通常，他们的心理学比科学更具试验性——但它们是有效的。他们让待选者陷入恐惧、内疚和失落的阴郁中。然后当他完全沮丧、屈服之时，他们将他拉起，抬到光明中，此时和谐一致的想法就占据了他的心灵。

➢ 柯勒乔肖像

他和他的造物者一起创造了平和！

也就是说，他和他自己创造了平和——与他的追随者

---

❶ 柯勒乔（原名安东尼奥·阿莱格里，1489–1534），意大利文艺复兴时期帕尔玛画派最重要的画家。
❷ 路德维格·蒂克（Johann Ludwig Tieck, 1773–1853），德国诗人、翻译家、编辑、小说家、批评家，十八世纪和十九世纪早期浪漫主义运动的发起人之一。

一起的平和。他想要弥补，他希望原谅每一个人。他放声歌唱，他手舞足蹈，他一跃而起，快乐地拍着手，拥抱身边的每一个人，大声喊着："荣耀归于主！荣耀归于主！"这就是和谐的时刻。然而还有比"新皈依者"的喜怒无常更好的脾性，而拥有这种脾性的人，于他而言的快乐时刻只是一种沉默——神圣的沉默。

在帕尔玛画廊的这幅名为《那一天》的画，是柯勒乔的杰作。这幅画表现了圣母玛利亚、圣哲罗姆、圣约翰和圣婴。画面上还有第二个女人。这个女人经常被认作是抹大拉，而在我看来，她是其中最重要的角色。她也许缺少几分如圣母玛利亚那般的天界的美，但是她的姿势的人性化以及柔软和微妙的快乐，向你展示出她确实是一名女性，一名艺术家所深爱的女性——他想描绘的是她的肖像，而圣哲罗姆、圣母玛利亚和圣婴不过是修饰罢了。

约翰·罗斯金，虽然优秀而伟大，但却有着与他的天赋相匹配的偏见，他宣称这幅画作"以其富含暗示而不朽"。它是那么光彩夺目、不同凡响啊，以至于他无法品

➡《达那厄》(柯勒乔)

味出来。他所抱怨的那个女性从脖子到脚踝都覆盖着衣服——但露出了纤巧的裸足。这个姿势有着甜美、柔软的端庄。这个女人，半倾着身子，仰着她的脸，让她的脸颊非常轻柔地贴在圣婴的臀部，表现出一种绝对的放松，完全地信任——没有紧张，没有焦虑，没有澎湃的情感——只有沉静和休憩，一种无可言说的感激与屈从的平静。这个女子满心的欢乐无以言表，满腹的欣悦怯于表达，她脸颊上略微可见的泪痕，暗示出这种平静并非一开始就有。她已经找到了她的救世主——她是祂的，而祂也是她的。

这就是和谐的那一刻。

文艺复兴的到来，如同在上千年的可怕黑夜之后神圣光辉的强烈迸发。罗马帝国的铁轮已经将人性碾入了泥沼。无息无止的战火，不尽的流血和奴役，还有疯狂的兽行，曾经在欧洲大地上动荡蔓延。疯狂、不安、苦役和压抑的欲望，是许多人生活的一部分。在这样的土地上，不论艺术、文学，还是宗教都无法生长。

但是现在，教会已经将她的脸转向了无序，并向杰出和美提供她的奖赏。逐渐地，安全感产生了——这是一种接近保证的感觉。整个意大利都在建造美丽、宏伟的教堂；在所有的小公国里，宫殿一座座地建立起来；建筑学成为一种科学。教堂和宫殿都用画作来装饰，雕塑充斥着壁龛，伟人的纪念碑矗立在公共广场。这是一个和谐的时代——和平比战争更受欢迎——却又是一个人们确乎参与战争的地方，他们总是对此感到遗憾，并解释说他们之所以战斗只是为了争取和平。

在这个时代，米开朗基罗、拉斐尔、达·芬奇和波提切利创造了他们光辉灿烂的作品——有着生命的欢欣节奏的作品。然而作品上依然有着些许悲伤的味道、战斗的伤痕、烦扰过后的泪痕。不过总体的风格是无忧无虑、快乐

➼《美德寓言》(柯勒乔)

自在的,感激着生活。人们似乎已经摒弃了大量负担。他们屹然而立、畅快呼吸。看看周围,他们就会惊讶地感受到生命真的如此美好,上帝是如此之善。

在这样一种态度下,所有人相互伸出了友好的双手。诗人歌唱着;音乐家演奏着;画家描绘着,雕塑家也雕刻着。大学如雨后春笋般冒出来——在哪里都有学校,甚至在修道院里,忧郁也消散殆尽。僧侣们一天用餐三次——有时是四次或五次。他们还相互访问。美酒流淌,音乐出现在从未有过音乐的地方。人们看到了石头地板上的巴纳比步伐——一种像牧师方丹戈舞的步伐——取代了庄严的列队行进。绳状束腰带稍稍露出了一点点。鞭答停止了,监视松懈了,在很多情况下,粗糙的马鬃毛服装被柔软、飘动的长袍代替,束着红色、蓝色或黄色的丝绸和缎子的腰带。大地是美丽的,男人是和蔼的,女人们是亲切的。上帝是善的,而祂的孩子们应该是快乐的——这些都是在许多布道坛上所祈祷的事情。

异教被嫁接到基督教上,而唯一结出果实的枝条是那些异教枝条。希腊的古老精神回来了,在明亮的意大利阳光下嬉戏、欢笑。所有的一切都充斥着高雅的气息。天空从未如此蓝、黄色的月光从未如此柔和,空气里充满着香味。你所能做的,便是停下脚步,不论何时、不论何地,侧耳倾听潘神的箫声。

当时代转入十六世纪时,文艺复兴的潮汐达到了最高潮。修道院的克己禁欲,正如我们所知,已经给狂欢精神让出了位置——美好的事物是用来享受的。思想是具有传染性的，尽管曾经为男性所喜爱的女性的保罗主义❶思想，在应有的屈从中依然保持沉默，然而事实却是，就礼节和道德而言，男人和女人从未相差甚远——有一种思想、感觉和行为的持续不断地传递。我不明白为何会如此。我所知道的仅仅是，它就是如此。有的人将性归咎为上帝的错误。但对于我们来说更安全的观点是，最终它不论是什么，也都是善的。有的东西相较于其他的要更好，可是所有事物都是善的。于是修女院的生活失去了它的朴素，而在天特会议❷还没有发布它严厉的命令要求实行禁欲主义时，祈祷有时会伴随着有切分音符的音乐进行。

　　大宅中鲜花般的少女被父母用微不足道的理由交给修女院。"去修女院，动作快点儿！"这是当时长辈经常发出的命令，还伴随着晚辈心甘情愿的服从。有着众多烦扰的已婚妇女，也常常参与"退隐"，还有厌倦社会琐事的姑娘们；那些心中纠结着无可救药的激情的人；那些难以管教的妻子们；那些饱食终日的富家女；那些被父母或亲戚惹烦了的女子，或那些被遗弃的、绝望的、名誉尽失的女人，所有这些人都能在修女院找到栖身之地——在支付了金钱的前提下。而那些穷困潦倒或无权贵之友撑腰的人，便成了仆人和帮厨。富有的女人制定了"女修道院规矩"。这就和我们今天开玩笑说的"疗养所害虫"是一回事——只有那些户头存着一大笔钱的人才有资格享受。和现在一样，穷人有着解忧的灵丹妙药：他

---

❶ 保罗主义（Paulian），神学历史用词。保罗是指萨摩萨塔的保罗（Paul of Samosata），公元三世纪安提俄克（Antioch，古叙利亚首都，现土尔其南部城市）的主教，因否认基督的神性而被免职。

❷ 天特会议（The Council of Trent，又译脱利腾会议、特伦多会议、特伦托会议、特伦特会议），是指罗马教廷于1545年至1563年间在北意大利的天特城召开的大公会议。为罗马教廷的内部觉醒运动之一，也是天主教反改教运动中的重要工具，用以抗衡马丁·路德的宗教改革所带来的冲击。

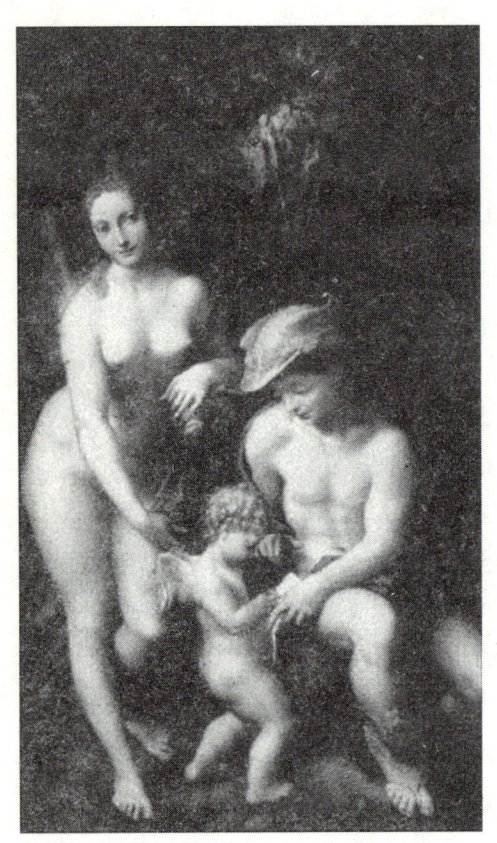

➽《爱的系列》(柯勒乔)

们将自己紧张不安的情绪掩藏在工作的外衣下。他们不得不逆来顺受——至少他们不得不承受。

伟大的埃米利安公路几乎穿过每一个镇子,这条壮观的路由领事马库斯·埃米留斯于公元前83年修筑,从里米尼到皮亚琴察❶。这里有着高级或低等的修女院——有些很时髦,有些普普通通,还有一些是名副其实的宫殿,充斥着艺术品,装满了所有为了奢侈享受而制作的东西。这些修女院曾一度是监狱、医院、疗养院、工场、学校和宗教休息寓所。在那里,一天被分为好几个时段:奉献、工作和消遣,而这里的纪律有着滑动的尺度,以符合掌事修女院院长的情绪,一切都是由居住者中占主导地位的精神来决定并改动的。但"生活是善的"这种观点很流行,它翻越了每一座修女院的高墙,偷偷穿过花园小径,匍匐潜入每一个带栅格的窗户,用它那甜蜜、惹人爱怜的风度,充斥着每一个哀求者的心房。

是的,生活是善的,上帝是善的!祂希望祂的子民快乐!白云在天堂的蓝色穹窿下相互追逐;杜鹃花丛中的鸟儿和橘树中的鸟儿叽叽喳喳地欢唱,建着鸟巢,整天玩着捉迷藏的游戏。芳香的空气用健康、治愈和兴高采烈来调味。

修女院中的生活对人的修养来说有许多好处。女人们

---

❶ 里米尼 (Rimini)、皮亚琴察 (Piacenza) 均为意大利城市名。

在指导下学习缝纫，用针来做出奇迹；她们制作花边、泥金祈祷书，编织挂毯，照料花草，阅读书籍，倾听讲座，还会花上几个小时静默和沉思。在很大程度上，修女院建立在科学和满足人类需要的恰到好处的知识的基础上。这些是适应每一种性情和条件的"秩序"和尺度。

但是修女粗陋的装束从没改变那跳动在服装之下的女人的内心——她们依然是女人。

每个夜晚都能听见从卧室窗户下传来的吉他清脆的响声；纸条用叉棍递送上来；刚刚用温热的唇亲吻过的书信会从格子窗口落下来；秘密的送信者经常带着信件前来，绳梯再一次成为必需品。同时在不远处，那些操持着蒸蒸日上的格雷透纳格林特色产业的牧师们时刻恭候客户光临❶。

每一家疗养院、每一座大旅店、每一所公共机构——哦，我想说的是每一个家庭——都过着这样的生活：公众所知的外在平静却暗流涌动的生活以及密谋与反密谋的心惊胆战的生活——都在虚伪的外表下生活着。这如同人类的身体——眼睛是多么明亮、宁静，皮肤如此光滑、柔软，肉体的玫瑰色红晕是那么温暖、美丽！但是在这之下，是生活和瓦解的力量之间的激烈争斗——且最终两败俱伤。

每一所修女院都是绯闻、嫉妒、仇恨和激烈冲突滋生的温床，而且不时还有传到外界的流言，被人们加以适当润色后继续传播。

生活就是竞争，走廊里充斥着竞争，它不满或阴郁地坐着，或在每一间小石头房子里不安地发出声响。有一些

---

❶ 格雷特纳格林（Gretna Green），苏格兰南部靠近英格兰边界的村庄。以前在苏格兰结婚可不经父母同意，因此成为许多英格兰情侣私奔的天堂。

人带来了画作、胸像和装饰品来美化自己的房间；外面的朋友们也送来了礼物；在窗下弹吉他的武士，凭借着天分不断变换着花样；美丽的花瓶里插着鲜花，绽放的花朵代替了已经枯萎了的，以显示真爱永不死亡。

从邻近的修道院来的僧侣也过来布道或举办讲座；技巧娴熟的音乐家也来唱歌或演奏乐器；贵族到这里来仔细观看艺术品，或看看工作中的漂亮女仆，或向修女院院长咨询有关心理方面的问题。通常这些来访者被力劝留下来，然后办一场招待会或摆一桌酒宴。有时这里还会有集市，展出并出售那些漂亮女工的手工与脑力的结晶。

因此生活，即便是在修女院中，也依然是生活。死亡和崩溃都是生命的形式——所有的生命都是善的。

1507年，唐娜·乔万尼·皮亚琴察被任命为帕尔玛的圣保拉修女院院长。这位修女院院长是贵族马尔科之女。唐娜是一个聪慧的女人，她有管理的天赋及优秀的社交手段。此外，她还是一位凭借天分和直觉进行创作的艺术家。

圣保拉修女院是埃米利亚最富有、最受欢迎的修女院之一。

➢《年轻男子肖像》（柯勒乔）

在帮助她任职方面，修女院院长最应该感谢的是卡佛里尔·斯皮昂，他是律师兼商人，还是院长的姐妹的丈夫。

出于尊敬，同样还出于姐妹般的互惠互利，女院长在她接受任职之后，很快将卡佛里尔·斯皮昂安排在法律顾问和修女院基金会管理人的位置上。在此之前，机构的事务是由盖里贝提家族掌管的。而现在盖里贝提家族拒绝放弃他们拥有的职务。斯皮昂将事务抓在自己手中，用他的剑解决了主要的反对者。斯皮昂在修女院找到了庇护，律师们敲打着大门要求进入，但也是白费力气。

帕尔玛分成了两个派系——一方支持唐娜院长，一方反对她。

一旦午夜降临，城市的统治者和他的军团便破门而入，四处搜寻躲藏的骑士们，将嬷嬷们吓得惊慌失措。

但是时间是最好的疗伤药，单纯的仇恨是短暂的，它会以自然的方式死去。修女院院长在管理方面很明智，在斯皮昂的建议和帮助下，这个地方繁荣起来。观光者来了，代表团也来了，伟大的高级神职人员送上了他们的祝福，帕尔玛的居民们开始以圣保拉修女道院为豪。

有些修女本身就很富裕，她们中有一些请当地的艺术家用壁画来装饰她们的房间，以迎合她们的喜好。有些同住者并不十分欣赏这种宗教画作——她们在礼拜堂有自己的信仰。神话和象征着生活与爱情的东西才是时尚。在这扇门上是被箭射中的燃烧的心，其下还用意大利语写着箴言"能爱就爱"。写在同样的地方的其他箴言是；"吃、喝，还要舒心、快乐和欢笑。"这些箴言揭示了那时盛行的精神。

帕尔玛一些稳重的公民向教皇朱利叶斯[1]送交了请愿书，请求加强修女隐修的严格程度。但是朱利叶斯有几分沉迷于自己的生活，修女院院长所显示出的艺术精神让他颇为喜欢。随后，里奥十世被强烈要求减少这个地方的盛宴的举办次数，但是他通过递送一封充满慈爱的信，给以建议和忠告，而解决了这件事。

这个时侯，修女院院长和她的法律顾问正在计划一个方案，一个可以赢得埃米利亚所有艺术爱好者的羡慕或嫉妒——或者，二者兼有的方案。来自柯勒乔的这个年轻人，安东尼奥·阿莱格里，将会完成这项工作。他们已经

---

[1] 教皇朱利叶斯（Pope Julius II，1443-1513），绰号"恐怖教皇"（The Terrible Pope），于 1503 年至 1513 年间任教皇，他的统治以侵略性的外交政策、富有野心的建筑计划和赞助艺术为特点。

在维罗妮卡·甘巴拉❶的住处见过他了,而且他们知道,任何一个被维罗妮卡提及的人都一定值得信赖。维罗妮卡说过,这个年轻人有着潜在的天赋——那就一定如此。他的名字"阿莱格里",意思是"快乐",而他的作品里也充满着他的名字的寓意。他被专程请来。于是,他背着全套绘画工具,从柯勒乔到帕尔玛走了四十英里❷——他来了。

他身材矮小,脸庞光洁,看上去就像个脾气好的乡巴佬。他穿着农民的衣服,上面落满了灰尘。他举止谦逊,略有些害羞。当他走过修道院的门厅时,修女们从挂毯后面窥视他,这让他的脸色发生了些许变化。

他为他的到来感到难过,如果他可以荣誉无损地离开,他一定毫不犹豫地马上返回柯勒乔。他以前从未离家如此之远,尽管他确乎不知,他一生中也再未去过比这更远的地方。威尼斯和提香在向东一百英里❸的地方;米兰和达·芬奇在朝北差不多相同的距离;佛罗伦萨和米开朗基罗位于南方九十英里❹处;罗马和拉斐尔远在一百六十英里❺之外,而他从未见过他们中的任何一个。可是这个男孩并不因此而感到难过——很有可能除了达·芬奇,他从来没有听过上文提过的那些名字。没有一个像他们现在这样声名远播——那时到处都有画家,就像波士顿公园里挤满了诗人一样。我们知道,维罗妮卡·甘巴拉曾经向他说起过达·芬奇,还激动地用热情洋溢的语句描述了达·芬奇那无与伦比的风格的主要特征,是如何表现在他所画的人物的手、头发和眼睛上的,而这种特征极具感

---

❶ 维罗妮卡·甘巴拉(Veronica Gambara,1485-1550),意大利女诗人、政治家和政治领袖。
❷ 约6.44千米。
❸ 约160.9千米。
❹ 约144.8千米。
❺ 约257.5千米。

染力。达·芬奇画的手是精妙的，手指纤长，富有表现力，还充满了生命力；头发是波浪状的、蓬松的，富有光泽，看上去似乎触手可及，它似乎迸发着磁性的火花。达·芬奇画得最好的细节是眼睛——大而呈圆球状的眼睛向下看，而你实际上并不能看到眼球，只能看到眼睑，还有长长的睫毛，也许还会有一滴泪珠在上面闪光。安东尼奥张着嘴听维罗妮卡说这些。他把它们都记在心里，然后叹了口气，说道："我，也是个画家。"他开始工作，想要做到达·芬奇已经达到的程度的想法，在他心中燃烧着——手、头发和眼睛；美丽的手、美丽的头发和美丽的眼睛！然后他描绘这些，只是他从不在长长的睫毛上画闪亮的泪珠，因为他自己的眼睫毛上从不会有泪滴。他从来不知道什么是忧伤、烦扰、失落和挫败。

➔《圣凯瑟琳与圣塞巴斯逊的神秘婚姻》(柯勒乔)

安东尼奥的专长是画"小天使"——扭打着的、吵闹的、喜欢恶作剧的小天使。这些可爱的孩子们象征着生活的快乐。当安东尼奥想在画上签上自己的名字时，他就会画上一个天使。他来自一个一无所有却别无所求的家庭，他所需要的如此之少——他几乎没有愿望。如果他离家开始一段小小的旅程，他会沿途借住在农民家，和孩子们逗乐，在农舍墙壁上画出一个小天使的轮廓，来让所有人高兴。天亮时，他在人们的祝福和再访的邀请中，继续他的旅程。微笑和好脾性，懂一点点音乐，具备完成事情的能力，再加上适当的谦逊，这就是全世界通用的货币了。疲倦的地球非常乐意为逗乐和开心付钱。

唐娜院长给安东尼奥介绍了这所修女院。他看到了修女院里已经完成的那些作品。他有欣赏能力，但却很少评论。修女院院长喜欢这个年轻人。他暗藏着发展的潜

➯《巴士底圣母》(柯勒乔)

力——他也许真的会像激动的维罗妮卡所预言的那样，在某一天成为伟大的画家。

修女院院长让出了自己的房间，安顿他住下来。她为他拿来了洗浴用的水，晚餐时将他安排在靠她右手边的餐桌旁。

"那么关于壁画呢？"修女院院长问道。

"是的，壁画——将会在您的房间首先完成。我明天早上就开始工作。"安东尼奥答道。年轻人的信心让院长微微一笑。

许多看上去最好的花不过是移栽的野草。在人类身上，"移植"经常能产生奇迹。当命运将安东尼奥·阿莱格里从柯勒乔的小村庄带走，把他安置在帕尔玛城时，巨大的机遇就降临在了他身上。这个地方的财富、美丽和更自由的氛围，使得他想象力的触角伸入了更肥沃的土壤，而结果就是产生了盛放的美。这般好的颜色和艺术形式，以至于人类从未停止过赞叹。

圣保拉修女院对于艺术爱好者而言是一片神圣之地——他们来自世界各地，只为了看看一个房间里的天顶——那就是唐娜院长的房间。安东尼奥·阿莱格里，这个来自柯勒乔的年轻人，在那儿支起了他在帕尔玛的第一座脚手架。

柯勒乔的村庄是鲜有人涉足的旅行之地。你必须看上五遍地图，才有可能在上面找到它。现在它只是一个村庄，在1494年，当安东尼奥·阿莱格里出生，热那亚人克里斯托弗·哥伦布发现了新大陆之时，它不过就是个小村子。它有一座教堂、一所修女院、一座住着柯勒乔厄斯——柯勒乔的领主的宫殿。沿着广场延伸出去，就是长而低矮的石头农舍，刷着白色的墙灰，有着爬满花藤的棚架。这些农舍后面是小小的花园，里面种着豌豆、扁豆、青蒜和欧芹，它们蓬勃生长，预示着丰收。那儿有鲜花，到处都是鲜花——没有人会穷到连花儿都没有。鲜花是一种和爱有关的产品，也是快乐的生命的象征。在没有鲜花的地方，也没有爱可言。情人们互赠鲜花——它们就足够了。而如果你不喜欢花儿，它们就拒绝为你盛开。"如果我有且只有两块面包，我会卖掉一块，买白色的风信子，来养活我的灵魂。"——这句话是一个深深热爱这个世界，爱得不比任何一个人少的人说的。不要诽谤这个世界——她是抚养你的母亲，她为你提供的不仅有面包，还有白色的风信子，它能养育你的灵魂。

　　四百年前，在每一个意大利小镇的集市日那天——就如现在这样，农妇带来一大篮蔬菜，还有一大篮鲜花。而且如果你仔细观察的话，就会在这些集市上看到，那些买了蔬菜的人还会买上一捧木樨草、几束紫罗兰以及仍然带着闪亮的露珠的玫瑰或是白色的风信子。仅仅只有面包是远远不够的——我们想要的还有生命的面包，而生命的面包就是爱，我不是说过鲜花象征着爱吗？

　　我注意到，在这些昔日的集市上，那些放在水果篮或蔬菜篮旁边的成堆鲜花，经常是作为美好的祝愿分发给顾客们的。我记得有一天，我在帕尔玛的集市上买了一些樱桃，卖樱桃的老妇人收下我的钱后，很自然地拿起了一枝风信子，别在我的外套上。第二天，我又过来买了一些无花果，再次收到了一大朵苔藓玫瑰作为回报。我提到的这种独特的意大利标志，对于老妇人而言是难以理解的。我也很肯定，我不能理解她。然而白色的风信子和蔷薇玫瑰让一切都清楚、明白。那已经是五年前的事情了，但如果我可以明天去帕尔玛，我会直接去市场，而且我知道我的老朋友会伸出棕色的干硬的手，欢迎我的到来，她篮子中最好的玫瑰将属于我——我们的心能相互理解。

相互给予的精神是文艺复兴的真正精神，也是十六世纪初最饱满的花朵。人们将他们内心的美给予他人。瓦萨里❶曾讲过，别无其他东西可以给予的柯勒乔农民们是如何在每个周日，将带来的鲜花高高地堆在圣母的脚下的。

那时柯勒乔的村子里有画家和雕塑家。毫无疑问，在他们的那个时代，这些人是伟大的，但对于我们而言，现在他们已经被遗忘在时间的迷宫中了。曾经还有一个属于维罗妮卡·甘巴拉的美景满园、高朋满座的小庭院。维罗妮卡是艺术和文学的爱好者，也是一位水平极高的诗人。安东尼奥·阿莱格里，村里面包师的儿子，在她的住处是受到欢迎的客人。这个男孩过去常常在教堂帮装潢师干点活儿，从而学到了一些艺术方面的知识。这就是他想要的——通往艺术王国的大门，所有这些都将会赋予他力量。维罗妮卡赏识这个男孩，因为他能领会艺术。而她作为一位身份高贵的女士，之所以重视他，是因为他能理解她。没有什么比赏识学生更能温暖老师的内心了。村里的学士、才子围绕在维罗妮卡·甘巴拉的身旁，常常有从博洛尼亚和费拉拉❷赶来的贵客，只为了听维罗妮卡朗读她的诗作，和她一起讨论他们的共同爱好。安东尼奥经常出席这些聚会。大概在他十八岁那年，他的绘画第一次在维罗妮卡的艺术和文学的小庭院里展示。他在当地画家那里学习，而来访的艺术家给他提出令其受益匪浅的批评和建议。那时维罗妮卡拥有许多版画和优秀作品的各类复制品。男孩全身心地投入在艺术之美中，而他所有的作品，都是为了维罗妮卡·甘巴拉而作。她不

---

❶ 乔治·瓦萨里（Giorgio Vasari, 1511–1574），意大利画家和艺术史家。
❷ 均为意大利城市。

➪《基督离开圣母》(柯勒乔)

再年轻——她的年纪当然足够做这个男孩的母亲了，而这很好。这样的爱是在恰当的条件下精神化的，它将自身升华为艺术。否则的话，它也许就会和浪荡的风同舞，在愚蠢中消耗自己了。

　　安东尼奥为维罗妮卡作画。所有美好的事物都是为某些人而完成的。于是不久之后，杰出的标准形成了，艺术家开始为满足自己而创作。但是，他仍然为其他人工作——如果他们愿意的话。歌者为那些倾听的人而唱；作家为那些能理解他的人而写；画家为那些能画出和他一样的作品的人而画。安东尼奥只是为画出让维罗妮卡喜欢的画——她制定了标准，而他逐步将之实现。

➤《从良的妓女》(柯勒乔)

那时谁能预料到，正是这位面包师之子的作品让这个地方免遭遗忘。无论何处只要提到"柯勒乔"这个词，人们就会明白这是指安东尼奥·阿莱格里，而不是这个村庄，不是柯勒乔厄斯家族广阔的领地！

柯勒乔的作品的与众不同之处在于他画的"小天使"。他喜欢这些肥胖、乖巧和过于健硕的小天使。这些嬉戏玩闹、长着酒窝的小男婴——他们是男孩，这是事实，我相信没有人会否认——他到处画他们！

保罗·委罗内塞❶带来了他无处不在的狗——在每一幅"委罗内塞"上，都有这样一条狗，安静地等待着它的主人。即便是在《升天》❷这幅画中，他也在角落画上了一条狗，它正要朝着天使吠叫。狗的不断出现，让人在画面上看不到狗的情况下就辨认不出"委罗内塞"——此时你会对狗充满了感激之情，而且肯定会轻视一幅对犬科动物的迷恋明显有所减少的"委罗内塞"的复制品。对于每一幅"委罗内塞"而言，至少需要一条狗，这在我们看来是理所当然的。

于是，同样的，我们要求将柯勒乔的作品中出现小天使看做是理所当然的。他们是如此不关心衣衫，如此不注意礼节，如此满足于自娱自乐！他们没有父母，他们的体形几乎一样，他们都是男孩。他们藏在每一个信徒的外衣

---

❶ 保罗·委罗内塞（Paolo Veronese，1528-1588），文艺复兴时期威尼斯的意大利画家，著作有《迦南的婚礼》、《利未家的宴会》等。因出生在维罗那（Verona，意大利城市），而得名"委罗内塞（Veronese）"。

❷ 指《圣母升天》这幅画。

衣褶间；躲在玛格德琳的装着珍贵油膏的罐子里；靠着圣约瑟夫的腿；朝着圣伯纳做鬼脸；在《天使报喜》上集体亮相——就好像这是他们的任务；在《订婚》中到处盘旋；从屋椽那里惊奇地向下看，或是取笑马厩里的三博士。

他们如此莽撞地闯入天庭的内部，以至于让圣彼得摔倒在他们身上。这正合他们的消遣之意。他们拿云朵当坐骑，有的还险些摔下来，引发了同伴们的欢笑。不过还是有伸出手来拉伙伴一把的天使。他们互相帮助，越过路中的障碍。

我说过他们没有父母——但他们肯定有一位父亲，那就是柯勒乔。可是他们都急需母亲的照料。

我相信是席勒曾经提及，要成双成对才能爱任何存在的事物。但柯勒乔似乎是独立完成描绘这些小天使的任务的。然而很有可能维罗妮卡·甘巴拉帮助了他。他深爱他们，这一点毋庸置疑——只有爱才能使得他们如此鲜明。这个男人喜欢小孩子们，否则他不可能爱这些小天使，因为他包容他们所有稚气的恶作剧，还有悲伤。

一个小天使从云朵后面探出小脑袋，然后突然开始了能回荡在整个天堂的嚎哭。他的嘴张得极大。眼泪一边从他紧闭的眼睛里流下，一边被他用胖胖的拳头擦去。他的整个脸庞都扭曲成一张愤怒的侏儒的脸。事实上，如果不是他伸出一条腿，试图去踢一个明显与这起事件无关的玩伴，人们也许会真的觉着他十分可怜。他是一个坏坏的淘气天使——正因如此，为了他好，他就应该为他的冒失而受到肉体上的惩罚，只要一点点就好，就用发梳的梳背拍他一下。

这个小天使同样还出现在其他地方。有一次他是对着另一个天使的耳朵吹号角；还有一次他用稻草挠一个熟睡的兄弟的脚。这些小天使玩着真正的小孩才会玩的把戏。除此以外，他们还有自己的一长串"绝技"目录。有一件事是肯定的，对于柯勒乔而言，没有小天使的天堂就不是天堂。而在我看来，小天使和真实的婴儿的主要不同在于，小天使不需要照料，而婴儿们需要。

此外，小天使们还有着实际的用途——他们托起卷轴、卷起帷帐、举着画作、喂养小鸟，指出伟大的人物。有一次柯勒乔让十个小天使带着一条狗出发去执行任务。他们托着圣母的裙裾，帮助信徒们，就像引座员那样。他们有时还传递济贫箱，编织花环和王冠——但是，我很遗憾地说，有时他们会为了争夺第一而陷入不得体的混战中。

他们没有翅膀，但他们就像英格兰麻雀一样向上高飞。他们从不会因为思考或内省而烦恼。不能确定他们以何为食，但是可以肯定的是，他们都营养良好。小天使什么都不需要，即便是赞扬。

帕尔玛大教堂的穹顶上，有着一群小天使，他们在协助耶稣升天。他们混杂在各处，骑在云彩上、倚着长袍，停歇在信徒们的肩膀上——在队列最拥挤的每一处地方，帮助耶稣顺利升天。他们越飞越远——不断前行，到处都是他们运动的姿态，直升入天堂的蓝色苍穹！当你抬头看到那最为庄严华丽的画作时，会渐渐涌出一缕淡淡的忧愁——小天使们要去向远方，如果他们永远不再回来，将如何是好！

我认识的一个小女孩曾经和她妈妈一起参观了帕尔玛的大教堂。母亲和女儿带着敬畏之情，抬着头看那逐渐淡去的云朵，静静地站了片刻。最后小女孩转向她母亲，问道："妈妈，您见过这么多光着的腿吗？"

数年前，约翰·拉法吉[1]在他的一次讲座上说，世界仅

---

[1] 约翰·拉法吉（John La Farge，1835-1910），美国画家、壁画家、铅玻璃制作者、装饰者和作家。

仅诞生了七位能够位列前茅的画家,其中之一就是柯勒乔。演讲者并没有给出其他六位的名字。尽管人们请求他公布,但他微笑着拒绝了,他说更希望让每一位听众自己完成这个名单。

在场的一位听众写出了他自己的名单,上面是七位流芳百世之人。他将这份名单递给了坐在附近的埃德蒙·罗素,想要得到评价。名单如下:米开朗基罗、达·芬奇、提香、伦勃朗、柯勒乔、委拉斯贵兹、柯罗。

罗素先生赞同这一精心挑选,但是附上了一张纸条,声明他有随心情而不时变化并替换名字的特权。这在我看来是一个十分明智的结论。"你喜欢哪一位作家?"这是个经常被提出的问题。就好像总有一位作家在某位强者的脑中占据第一的位置,而且毫不动摇!作家们在我们的心中相互推挤,争抢首席。我们过去可能有"爱默生时期"和"白朗宁时期",那时唯独他们的文字能吸引并感动我们。画作也是如此,还有音乐,对情绪都有吸引力。

➪《朱庇特与伊俄》(柯勒乔)

在这个平和、美丽的五月的一天,当我在树林中我的小屋里写下这段文字时,柯勒乔在我看来真的是这个世界上最了不起的人之一。他就在近旁,非常亲切。可是在他面前,我还是会静静地站着,脱帽致敬。

他绘制他的作品,保留着他的平静。他简单、朴素、谦虚、坦率。他是如此重要,而他永不知道他的作品有多伟大,就像哈姆雷特的作者对自己的不朽所知甚少一样。

柯勒乔从未离家超过一天之久——他默默无闻地辛勤工作,创作出来的作品是那般宏伟,以至于对子孙后代也产生了强烈的吸引力。他从未画过自己的肖像,当时其他

→《维纳斯、森林神和丘比特》(柯勒乔)

人也不曾认为他值得这样去做。他的收入只能勉强满足他的需要。他是如此重要,以至在他身后很快随之出现了艺术的可悲的败落;他的人格是如此伟大,以至他的儿子和一大群弟子都试图画得像他一样好。但他们生命的织锦中所有原创性的光彩都淡去了,他们不过是廉价、粗俗、萎靡的模仿者。那是在自然赐予一位伟人地球之后,又施加的惩罚之一——所有人都会被宣判为枯燥无味的人。他们疲惫不堪、意志消沉、雄心已泯,他们在出生之时就已同时死去。没有人可以试图去做另一个人的工作。请注意,贝利尼虽然试图超越米开朗基罗,但他对解剖学却一无所知。

请勿涉足这种"追潮逐流"的事件,否则你也许被当作另一个傻瓜。

柯勒乔的作品之所以能不朽,就是因为他就是他自己,而且在很大程度上,甚至忽视、不关心这个世界发生了什么。他的生活充满了快乐;他对未来没有图谋,对现在没有令人分心的恐惧。他创作自己的作品,尽己所能做到最好。他工作就是为了满足自己,滋养艺术的内心——不屑于去创造某个不能深入生活的形象,因为本不该如此。他所有的画作都诞生于这种精神。

帕尔玛的善良的老圭多,因离家甚远,曾经眼含泪水,问一位最近参观过那儿的游客:"告诉我,你看过的大教堂和圣保拉修女院是什么样子?柯勒乔大师的小天使们还没有长大成人吗?"

只有生活和爱才能给予爱情和生命。柯勒乔带给我们的二者都来自他充实的内心。积劳成疾,让他年仅四十就进入了永恒的宁静,留给我们的是他的作品。

BELLINI

贝利尼

如果在我们这个时代,不论以多少理由,拉斐尔必须让位给波提切利,那么提香以其艺术成就,连同他世俗的荣耀和撩人的鲜艳色彩,将要以怎样更多的理由,来让位给亲爱的威尼斯艺术之父——老吉安·贝利尼呢?

——奥利芬特夫人,在《威尼斯的制造者》中

教书是一件伟大的事。当有人称呼我为"老师"时,我会感到莫大的荣幸。以你自己的方式去激发其他人思考、行动、获得成就——多么崇高的志向!要成为一名优秀的老师,需要高度的利他主义,因为一个人只有愿意将自己沉入其中,甚至献出生命——可以这样说,其他人才有可能活下来。这其中有一些非常类似于母性——一种养育的特性。每一位真正的母亲有时会意识到,她的孩子们不过是借来的——是上帝送来的,而她的身体和观念的属性就是用来服务的。她的思想倾向于撇去内心的浮渣以使之精纯,洗去骄傲,让她感觉到自己的工作的神圣性。每个地方的所有好人都明白母性的神圣。正是因为这个,种族才得以延续。

➡ 贝利尼肖像

这种想法中有一丝悲怆。如果说情人们活着是为了让彼此间能相互需要,那么母亲工作就是为了自己不被她的孩子们需要。真正的母亲教导她的孩子们能自力更生。教育的整体目的就是使学者不再依赖他的老师做学问。毕业应该发生在老师退去的那一刻。

➺《镜子前的裸女》(贝利尼)

是的,有能力的老师自身就有许多这种母亲的特性。你可记得梭罗曾说过,天才的本质实际上是女性的。如果他说的是老师,那么他的评论必然是正确的。有诸多动力的人并不是最好的老师——他们是专横和强制的一类人,希望让所有的思想都配合自己。他们也许能架飞渠、通天堑、发现新大陆、征服城邦,但却不能教书育人。在这样唯我独尊的人格面前,自由死亡了,自发性消沉了,思想羞愧地溜走,藏身于角落。不论是养育的特性、容忍的耐性,还是母性的怜悯,什么都缺。男人是指挥者,不是老师。是否战士和统治者不过是用他们的影响力将世界变得尸骨遍野,而不是变为幸福和繁荣的家园呢?这仍是个疑问。杀掉所有的头胎儿,以及十岁以上孩童的命令,可不是老师们下达的。

老师是在只有一种思想的时候让两种思想发芽、生长的人。

在我们转到其他主题之前,这里似乎是个插入评论的好地方:我们生活在一个圆圆的像个桔子、两极略微扁平的非常愚蠢的旧世界。这番似乎有些悲观的言论,是由一个前途光明、性情不错的人说的。他这样说的原因在于我们并没有将微不足道的荣誉或金钱方面的额外奖励,放在教学这回事上。在古代,理发师、厨房帮佣与音乐家位列同级;猎犬能手戴着比"桂冠诗人"更大的奖章,我们给老师们的工资就和马车夫、挑夫的一样多。除了过大的工作量,他们什么都缺。

我永远不会乐于承认,这个国家开始文明进步的那一刻,正是我们不再施行愚蠢和悭吝的政策之时。这种政策通过发放不到工资单一半的薪水,或者发放较之同样的思想和能力在其他各处所获得的薪水更少的方法,试图将所有真正伟大的男男女女赶出教学工作。到 1902 年,在和平年代,我们为战争和武器动用了四百万美元,而这一总数正是全美公立学校系统开支的两倍。经济在教育方面指手画脚并非必须——我们只是尚未开化罢了。

但是这种事情不能持续下去。我期盼这样一个时代的到来:我们可以专门挑选出地球上最优秀和最高尚的男人和女人来做老师,而他们的报酬将会极为丰厚。他们不必为了种族的利益而流血牺牲,无须恐惧某一天沦落到去济贫院生活。开明的政策会对我们自身有利——正如冰冷的权宜之计。这将是明智的利己之策。

随着贝利尼的崛起,威尼斯艺术不再是地方性的,而是遍布全国的。雅各布·贝利尼是一位老师——温文尔雅,富有同情心,充满活力。他的作品揭示了个性,但还是有些呆板和生硬:轮廓鲜明,就像古代的彩画玻璃窗。这是因为他的艺术来自玻璃工人。他一生中不断为穆拉诺[1]的玻璃工人设计样稿。就他所生活的那个时代而言,他是一位伟大的画家。因为他改进了之前的技术,并为那些即将到来的比他更伟大的画家铺平了道路。他称自己为试验者。在他周围聚集着一大群年轻人,他待他们如同事,而非学生。他们在一起就是一帮男孩——都是学习者,但多了几分对德高望重的长者的尊敬。

"老雅各布",他们过去常常这样称呼他,而且这个称呼里有几分喜爱之情。他们中有些人也已经证实了这一点。所有的学生都爱着这个老人。从年龄上看他并不那么老,当然心态也不老。他的两个儿子,吉安和詹蒂莱,也是他的学生,而他们也称他为"老雅各布"。我相当喜欢

---

[1] 穆拉诺(Murano),位于意大利,以制作玻璃而闻名。

➡ 《牧场圣母》(贝利尼)

这个——这证明了一件事情,男孩们并不惧怕他们的父亲。他们肯定不会在听到他走近的脚步声的时候跑开或藏起来,也不会认为有必要撒谎来保护自己。严厉的父母必定会有不诚实的孩子。也许培养品德高尚的孩子的秘诀就在于,做品德高尚的父母。

　　成为你的孩子们的朋友是件好事,就在这种观点起源之处的英国,发展出了寄宿学校这种妄想之物。那就是孩童们应该被送到雇员那里——与他们的父母分开,只为了接受教育。我不是很清楚这一点。这必定得不到父母们的赞同。"老雅各布"并没有花太多精力来管教两个男孩——他爱他们。如果父母不得不作出选择的话,这样与孩子共处反而更好。他们一起工作,一起长大。在吉安和詹蒂莱十八岁之前,他们就能画得和父亲一样好了。他们二十岁时就超过了他,对此没有人比"老雅各布"更高兴。他们在做的事情是他从未做过的,他们克服的困难是他从未超越的——他欢欣喜悦地拍着手,这位老教师确乎流下了高兴的眼泪——他的学生超过了他!吉安和詹蒂莱不会接受这一点。但是他们仍然不断前行,相互较着劲。

瓦萨里说，吉安是略胜一筹的艺术家，但是奥尔达斯称詹蒂莱为"全威尼西亚❶无可争议的绘画大师"。罗斯金折衷了这两种观点，他解释道，詹蒂莱有着更广阔和更深刻的本性，但是吉安的天性则更女性化、更诗意，近乎抒情，拥有一种他的兄弟永远不会具备的微妙的洞察力。这些特点使得他更适于成为老师，而当"老雅各布"去世之时，吉安不知不觉地接替了他的位置，因为每一个人都会直接被他所拥有的特质吸引。

这个只有一间而且面积不大的小工作间现在扩大了：小工作间变成了工作室。那时曾出现过成片的工作间和工作室，还有一间小画廊，后者成了威尼斯各路文艺参观者的会面之处。路德维柯·阿里奥斯托❷，这位意大利最伟大的诗人来到此地，写下了一首十四行诗，献给"吉安·贝利尼，崇高的艺术家、高尚的演奏者，但最美之名，是令人深爱的老师"。

吉安·贝利尼有两名学生，他们的名字和荣誉千古流芳：乔尔乔内和提香❸。有一种浪漫的精致风情围绕着乔尔乔内，温和、精妙和爱。他的精神和肖邦或雪莱❹的相似，他的死之挽歌应该由这两位中的一位来写词，另一位谱曲——这对忧伤的兄弟，尚未让这个喧嚣的世界做好接受打击的准备，便英年早逝❺。然而所有的人都听到了云雀的歌声。乔尔乔内因情人的反复无常，伤心而死。他和提香同年，然而如这个巨人自己所说的那样，他的成就远

---

❶ 威尼西亚（Venetia），古代意大利东北部一地区，后为古罗马的省。
❷ 路德维柯·阿里奥斯托（Ludovico Ariosto，1474-1533），意大利诗人。
❸ 乔尔乔内（Giorgione，1477-1510）和提香（Titian），两人均是意大利文艺复兴时期威尼斯画派画家。
❹ 雪莱（Percy Bysshe Shelley，1792-1822），英国浪漫主义诗人。肖邦（Frederic Chopin，1810-1849），波兰音乐家。
❺ 肖邦、雪莱、乔尔乔内三人均在三十来岁的年纪去世。

远超过了那个巨人。他死于三十三岁,世界上有很多最伟大的人都在这个年龄去世,也有其他一些伟大的人在这个年龄重生——或许是同一件事情。提香活了近百岁——只差六个月,在过去的七十年里,他常常施舍一个在教堂门口乞讨的女乞丐——就是那个伤了乔尔乔内的心的女人。乔尔乔内还画过她的肖像。这幅画流露出一种悲伤之情,压抑着对往日的回忆。

艺术中的威尼斯画派被罗斯金分成了三个时段:第一个时段以雅各布·贝利尼开始,而这一时段或许可以称为萌芽期。第二时段是开花时期,象征胜利的棕榈叶由吉安·贝利尼高高举着。第三时段是硕果时期——被死亡的色彩碰触过的烂熟的果实,由四个男人体现,乔尔乔内、提香、丁托列托和保罗·委罗内塞。这四位之外,威尼斯艺术便再未前进,尽管自从他们欢笑和歌唱、享乐并工作之后,时间已过去四百年。我们所能做的只有惊讶与赞叹。我们可以模仿,但是我们却无法更进一步。

吉安·贝利尼活了九十二岁,直至最后一刻都在工作。他总是不断学习,总是为人师表。他最好的作品完成于八十岁之后。人们把这个伟大的灵魂的躯体和他兄弟詹蒂莱的安放在同一座墓里。詹蒂莱仅先他数年而去。死亡并没有将他们分开。

乔万尼·贝利尼是他的名字。然而当那些喜欢美丽的画作的人们提到"吉安"时,每一个人都知道指的是谁。对于那些以艺术为工作的人而言,他就是"大师"。他的身高离六英尺还差两英寸[1],强壮、肌肉发达。尽管到了七十岁的年纪,他的身姿依然挺拔,他的步履依然轻快,这些让他显得更加年轻。事实上,如果不是从紧紧压着的黑色帽

---

[1] 约1.78米。

→《众神聚宴》(贝利尼)

子下露出蓬松的铁灰色头发，还有由于风吹日晒而造就的古铜色的皮肤，没有人会相信他已是七旬老人。这形成了极妙的反差，使得路过他身边的行人不得不回头盯着他看。

  他身上总有奇怪的故事。他是个熟练的刚朵拉船夫，每日往返于利多❶使得他有了那张古铜色的脸。乡亲们说他不吃肉也不喝酒，他的食物不过是当季成熟的无花果，搭配粗制的黑麦面包和坚果。此外，还有一个至少一百岁、耳朵全聋的滑稽的"老驼背"照顾着那艘刚朵拉。"老驼背"总是花整整一天的时间，等待他的主人，清洗那艘修长优雅的蓝黑色的船；整理用白色灯芯绒和流苏做成的雨篷；擦亮船两边黄铜制的狮子像。人们试着问那个"老驼背"一些问题，但是他从不说出一点秘密。主人总是站在后面划着桨，而垫子上却坐着"老驼背"，他就像

---

❶ 利多（Lido），意大利威尼斯附近的一座小岛，为著名的旅游胜地。

是个贵宾。

主人笔挺地站着,摇着桨,他那长长的黑袍束在深蓝色的腰带之下,正好和刚朵拉的颜色相称。这个男人的座右铭也许会是:"我服务。"❶或者是圣经中的一段:"你们中那最大的,将作你们的仆役。"他脖子上挂着一条细长的链子,那是青铜奖章。那是当《耶稣变容》这幅伟大的作品完成时,由执政团公议决定献给他的。如果这枚奖章是十字架,如果你是在圣马尔科见到这位佩戴者的,只要瞟一眼那精致的容貌,那黑色的帽子和飘动的长袍,你一定会立马认为这个男人是位牧师,是某个重要主教教区的代理主教。但是当看到他笔直地站在刚朵拉的船尾,风轻抚着深灰的头发,你一定会困惑不已,直到你的船夫严肃而低声地对你解释道,你刚遇见的是"全威尼斯最伟大的画家,吉安,一位大师"。

然后如果你表现出好奇,并想进一步了解,你的船夫就会告诉你更多关于这个奇怪的男人的故事。

威尼斯的运河相当于高速公路,船夫就像皮卡迪利❷的出租车司机——他们知道每一个人,并且和所有的国家机密有密切接触。当你到达朱代卡岛,上船准备享用午餐时,在喝过一瓶基安蒂❸红酒之后,你的船夫就会告诉你这些:

> 由大师划船载着的那个刚朵拉里的驼背,他是魔鬼,他有那种外形就是为了待在有史以来最伟大的画家身边并保护他。是的,先生,那个面容干净,有着真诚的、张得大大的、棕色眼睛的男人,和魔鬼结成了同盟。就是他,将年轻的蒂

---

❶ 原文为德语"Ich Dien",英语译作"I Serve"。
❷ 皮卡迪利(Piccadilly),英国伦敦繁华的大街之一。
❸ 基安蒂(Chianti),一种产于意大利的红葡萄酒。

齐亚诺❶从卡多雷❷带到了他的作坊,直接带出了玻璃工厂,让他成为了一名伟大的艺术家。他还付给他佣金,在各处介绍他!那么称他为父亲的非凡的乔尔乔内呢?哈哈!

谁是乔尔乔内?某个不知名的农妇的儿子。贝利尼想要收养他,对待他犹如亲生。当他完成梅斯特雷❸一天的访问后,回来时吻他的脸颊,这是谁的事情?哈哈!

除此以外,他的名字并不是乔尔乔内——是乔尔乔·巴巴雷里。这个乔尔乔·巴巴雷里跟来自卡多雷的蒂齐亚诺和埃斯皮罗·卡尔博内,还有那个纽伦堡的古斯塔夫,以及其他一些人,难道不是他们画了吉安的大部分画作吗?当然,他们确实这样做的。那位老人不过在背景上简单地涂上几笔,而由男孩子们完成作品。吉安需要做的就是给画作署名,卖掉它,把收入放进口袋。卡尔帕乔也帮了他一把——卡尔帕乔,就是画在你有生之年曾见过的最可爱的小天使,盘着腿弹着你见过的最大的曼陀林的那个画家。

➾《青年男子肖像》(贝利尼)

那就是天才,知道吗?具有让其他人去工作的能力,为自己俘获钱币和荣誉。当然,吉安知道如何引诱这些男孩继续工作——必须做些什么事情来留住他们。吉安时不时地从他们那儿买一幅画作。他的工作室里装满了他们的作品——远

---

❶ 蒂齐亚诺 (Tiziano Vecelli, 或 Tiziano Vecellio, 1473/1490–1576),一般称为提香(Titian),意大利画家,十六世纪意大利文艺复兴时期威尼斯画派的领军人物。他出生于皮耶韦·迪·卡多雷 (Pieve di Cadore),此地位于贝鲁诺 (Belluno) 附近,在威尼斯共和国境内。在有生之年,他被称为"达·卡多雷",因他的出生地得名。
❷ 卡多雷 (Cadore),位于意大利北部的威尼托 (Veneto)。
❸ 梅斯特雷 (Mestre),意大利北部威尼托的小镇。

远比他画的要好。哦，他只要看一眼就能知道许多事情。这些画作有一天会有价值，而他用自己的价格买下它们。是墨西拿的安东尼洛❶将油画带到了威尼斯。在那之前，他们用水、牛奶或酒来混合他们的颜料。当安东尼洛带来了他那深色的、有光泽的画作时，整个威尼斯艺术界都轰动了。有人说，吉安·贝利尼通过伴装为绅士，到那个新来的人那里，当他的模特，从而发现了这个秘密。就是他发现了安东尼洛用油来混合他的颜料。哈哈！

当然，他的工作室里的画作，并非全部是由那些男孩绘制的——有一些是那个老荷兰人画的，他的名字是……哦，是的，丢勒，纽伦堡的阿尔贝托·丢勒❷。有两位纽伦堡画家上周刚乘过你坐的那艘刚朵拉——他们现在在威尼斯，在吉安那儿学习，他们说。吉安去过纽伦堡，和丢勒生活过一个月——他们一起工作，一起喝啤酒，我想，而且是痛快地喝。吉安对于他在威尼斯的行为极其注意，但是你永远不会知道如果一个人离开家乡以后会做些什么。德国人很爱喝酒喧闹——但是他们还说他们能画画。我？我从没去过那儿——也不想去——那儿没有运河。可以肯定的是，他们在纽伦堡印书。就是在那儿他们发明了打字，一种废掉书写的懒惰方式。他们很节俭——那些德国人。他们给我的费用——只多给一分钱，只有一分钱。而不管我说了多少，指出了多少美丽的

---

❶ 墨西拿的安东尼洛（Antonello da Messina，准确而言是 Antonello di Giovanni di Antonio，约 1430–1479），活跃于意大利文艺复兴时期的西西里画家。
❷ 阿尔贝托·丢勒（Albrecht Dürer，1471–1528），来自纽伦堡的德国画家、版画家和理论家。

➹《圣容显现》(贝利尼)

景色，提供了多少有用的消息——就我一个人知道的消息。就多给一分钱——想想吧！

是的，大约是六十年前吧，印刷首先由德国人古腾堡在美因兹❶完成。古腾堡的一名工人来到了纽伦堡，告诉其他人如何设计和制版。这个人就是阿尔贝托·丢勒，他帮助他们设计首字母，用刻在木板上的设计来制作首页，然后用墨水涂满这块板子，将一张纸平铺在上面压平。然后，当纸从板子上拿起来时，它就和设计的原图一模一样了。事实上，绝大多数人看不出来会有什么不同，就这样你可以从一块板子上印出好几千张！

吉安·贝利尼为首页作图，给奥尔杜斯和尼古拉·简森❷的首字母做设计。威尼斯是世界上最伟

---

❶ 美因兹（Mayence），德国城市。
❷ 尼古拉·简森（Nicolas Jenson, 1420-1480），法国雕版师、画家和印刷工，他的大多数作品在威尼斯完成。

大的印刷之地,然而这生意不过开始于三十年前。在这儿印刷出来的第一本书,是在1469年由斯佩尔的约翰完成的。这里有近两百台拥有许可证的印刷机。通常需要四个人来印刷——两个人安设模板,准备东西,另外两个人印。当然,这还不够,还有写书的人、制版的人,还有那些切割用来印插图的板子的人。首先,你知道,他们在威尼斯印刷的书籍并没有首页、首字母或插图。我的父亲是一名印刷工人,他知道在印刷第一个大的首字母之前是什么样子——在那之前,事先为首字母留下了空白。书被送到修道院后,用手工来完成其他部分。

吉安和詹蒂莱为了刻首字母的第一块板,有很多事情要做——我想,他们在纽伦堡找到了办法。现在,这里有从阿姆斯特丹来的荷兰人,学习如何印书和画画。他们中有一些在吉安的工作室工作,我听说——偶尔我会载他们去利多或是穆拉诺。

詹蒂莱·贝利尼是他的兄弟,和他长得非常相像。康斯坦丁堡的大特克❶曾来过这里,看到了在大礼拜堂工作的吉安·贝利尼。他从未见过这样优秀的画作,对此十分讶异。他以为他是个奴隶,希望参议院将吉安卖给他。他们雇了詹蒂莱·贝利尼代替他去,以迎合那个异教徒。可以这么说,他们把他借出去了两年。

詹蒂莱去了,苏丹从未允许任何人站立在他面前,所有人都必须在灰尘中俯首屈膝。但苏丹

➻ 《雷奥纳多·罗列达总督》(贝利尼)

---

❶ 大特克(Grand Turk),穆斯林国家的统治者。

却对他特别优待。詹蒂莱甚至教这个老杂种画了点儿画，他们说画家有宫殿里每一个房间的钥匙，享受着王子般的待遇。

好吧，他们相处得十分融洽，直到有一天，詹蒂莱画了张施洗约翰的头盛在大浅盘里的画。

"一个人的头和它被砍下来时看起来是不一样的。"特克轻蔑地说。詹蒂莱已经忘了特克对此极为熟悉。

"也许太阳的光线比我更了解绘画！"詹蒂莱说道，因为他坚信自己的作品不会有错。

"我也许对绘画不怎么了解，但是对于我能叫得出名字的事物，我绝不含糊。"特克回答道。这位苏丹击了三下掌：两名奴隶从对面的门走了出来。一个站在另一个的前面，而当这一个靠近时，苏丹轻轻挥了挥手中的短刀，削掉了他的脑袋。这件事教育我们，伴君如伴虎。但是这件事并没有让詹蒂莱·贝利尼吸取教训，因为他甚至没有以艺术之名留下来检查这颗断头。接下来掉脑袋的也许就是他，这个想法超越了一切。他跳出了窗户，身上挂着窗格。他一路跑到了码头，在那儿找到了一艘满载水果准备开往威尼斯的船。一个装着金子的小钱包让这件事变得简单起来——船长把他藏了起来，四天之内他就安全返回故地，在圣马可教堂❶感谢上帝对他的解救。

不，我并没有说吉安是个流氓——我跟你说的只是别人所说的。我不过是个可怜的船夫——为什么我要把自己陷入那些大人物们都做过什么

---

❶ 圣马可教堂（Saint Mark's），在意大利威尼斯。

的麻烦中呢？我简单地告诉你一些我所听到的——也许是这样，也许不是。天晓得！那个叫帕斯卡尔·萨利维尼的。他有一个与他竞争的工作室。那时那个热那亚人克里斯托弗·哥伦布来到这里，并在贝利尼的工作室歇脚。帕斯卡尔告诉每一个人，哥伦布是个疯子，而贝利尼是另外一个。因为哥伦布怂恿他去看他那愚蠢的地图和海图。如今，他们都说哥伦布发现了新世界，意大利人现在觉着良心不安了，因为他们并没有给他提供船只，反而把他赶到了西班牙。

不，我并没有说贝利尼是个伪君子——帕斯卡尔的学生这样说过，有一次他们跟着他去穆拉诺——三艘装货的小船加上我的刚朵拉。你知道，就像这样：每周两次，就在太阳落山之后，我们常常看到吉安·贝利尼在总督宫殿后面的那个码头放开他的船，掉转船头，驶向穆拉诺。除了带上那个又聋又老的看管外就没有别人跟随了。每周两次，周二和周五——总是在同一时间，风雨无阻——我们会看到那个"老驼背"点亮灯，过不了多久大师就会出现，裹着他的黑袍，登上船，拿起桨，然后他们出发。永远是去穆拉诺，永远是同一个码头——我们船夫中有一个曾经跟上去几次，只是出于好奇。

最终这件事情传到了帕斯卡尔的耳朵里，就是吉安定时去穆拉诺的事情。"这是幽会，"帕斯卡尔说，"比幽会更糟，是那些花边女工和玻璃工人中的流氓之间的放荡事。哦，想想吉安会在他这把年纪沉湎于这种事情——他虚伪的禁欲生活不过是个面具罢了——还是在这把年纪！"

帕斯卡尔的学生们挑起了这件事情，而且曾

➢《神殿献基督》(贝利尼)

经和卡多雷的蒂齐亚诺发生过冲突,据说蒂齐亚诺将一把船钩砸在了其中一个学生的头上,船钩都砸坏了!就因为那个人说了大师的坏话。

　　但是这并没有制止流言。在一个漆黑的夜晚,当空气里满是飘动的薄雾时,帕斯卡尔的一个学生找到我,告诉我说他希望我加入到去穆拉诺的队伍中。天气太糟了,我没答应去——风一阵阵地狂吹,东边的天空铺满微弱的亮光,所有老实巴交的人,除了可怜的晚归的船夫外,都加快了回家的脚步。

　　我拒绝发船。

　　我不是看到画家吉安在不到一个半小时之前走了吗?好吧,如果他能去,那么其他人也能去。

　　我拒绝出发——除非付两倍的费用。

　　他接受了,将两倍的船费放在了我手里。然后他吹了声口哨,从角落后面窜出来一大群流氓地痞一样的学生,压得我的刚朵拉直往下沉。我只让人把位子坐满,就开了船。留下来的那些站在石阶上咒骂我,还诅咒每一件事和每一个人。

当我的船滑进雾中，朝向我们的目的地前进时，我瞟了一眼后面，看到三艘货船尾随而来。

有听不清的说话声，还有人命令要保持安静。但是他们在那里互相递着烈酒，然后说话。根据这几点，我推测他们都是帕斯卡尔的学生，正出来参加学生的一个喧闹聚会。天知道是为了什么！这可不关我的事。

我们的船进了不少水，有些学生跪下来，一边祈祷一边舀水，一边舀水一边祈祷。

最终我们到达了穆拉诺的码头。所有人都下了船。我也把船栓了起来，决定去看看到底会发生什么。一股强烈的酒味儿飘过，一个粗陋、体格魁梧的家伙在那儿，似乎就是那个叫大家闭嘴的船长。我跟上他，想看看他要做些什么。我们走了一条小巷，那里几乎没有行人。接着又穿过了一条又黑又滑的路，整整走了半英里[1]。沿路走下去在岛的另一端的便是被称为"水手监牢"的地方。他们说在那里，如果身上装着一两个银币，就会时刻身处险境。酒铺里充斥着音乐，还有欢乐的叫喊以及在石头地板上跳舞的声音。雨已经把任何一个在路上的行人都赶走了。

我们走到了一栋长而低矮的石头房子面前，那里曾经是一座戏院，但现在上层是舞厅，下层是仓库了。楼上有灯光和音乐声。楼梯很暗，但是我们摸索着走了上去，踮着脚走近了那扇巨大的双扇门，门缝底下有光线漏出来。

我们接到了命令，当我们到达码头时，我们

---

[1] 约0.8千米。

➹《圣母子》(贝利尼)

在那儿站了一会儿。"现在我们要抓住他了——伪君子吉安!"那个矮个子用嘶哑的嗓音说道。我们大喊着,砰地冲进门里。从黑暗处走到光亮的地方让我们的眼睛一时看不清东西。我们都以为那儿理所当然地有一场舞会,我们甚至等待着女人们发出尖叫声。但是当我们看到一些翻倒在地的画架,还有一个坐在一个假王座上惊得动弹不得的半裸的老人时,我们并没有按计划走进那个大厅。刚刚叫喊的那声就是我们能发出来的全部的声音。我们站成一团,就在门旁边,有些茫然,不知所措。我们不知道是退出去呢,还是像我们计划的那样搜查整个大厅。我们只是站在那儿,像大多数流着口水的傻瓜一样。

"继续保持你的姿势,我的好兄弟!继续你的工作!"一个和蔼的声音说道,"我想我们有一些参观者。"

吉安·贝利尼走到前面。他的长袍依然束在蓝腰带下,但是他已经把黑帽子放在一边了。他蓬松的灰色头发看上去像圣人的光环。"继续你的工作。"他又说了一遍，然后走到前面，向我们表示欢迎，并请我们坐下来。

我不敢跑开。沿着墙边放了一圈长凳，于是我在其中一把上坐了下来。我的同伴也坐了下来。那儿大概有五十个画架，围着那个做模特的老人摆成半圆形。有一些画架已经被弄倒了。那里在我们进来时就已经很乱了。

"只要帮我们把东西整理好——那就对了，谢谢你们。"吉安对矮个子说，他是我们这帮人的头儿。让我惊讶的是，矮个子照着他的吩咐去做了。他还安慰着那些女学生们，把她们的画架和凳子立了起来。

我饶有兴趣地看着吉安四处走动，看他用他的蜡笔给这个添上一笔，跟那个说上一两个字，对另外一个微笑着点点头。我只是坐在那里张大眼睛看着。这些学生并不是正规的艺术生，我能

➢《圣殇》(贝利尼)

很明显地看出来。有些是孩子，穿得破破烂烂，光着两条小腿；其他的是在玻璃厂工作的老人，当然他们的手又老又硬，不可能画得好，还有一些是镇上的年轻女孩和妇女。我使劲揉了揉眼睛，试图尽力看清！

我们刚才听到的音乐现在也还是能听见——它是从对面街上的酒铺传出来的。我环视四周——你相信吗？我的同伴们全走了。他们一个一个地偷偷溜了出去，只留下我一个人。

我等待着机会的到来。当大师转过身去时，我也蹑手蹑脚地溜了出来。当我下去站在街上时，我发现自己把帽子落下了，但是我不敢再走回去。我一路半跑着走回码头，当我到码头时，却发现船不见了——三艘小船和我的刚朵拉都不见了。

我想我能看到他们，透过那层雾气，大概在四分之一英里❶远的地方。我大声喊着，但是没有人回答我，只有呼啸而过的风。我陷入绝望之中——他们偷走了我的船。如果他们没有偷，那它肯定也失事了——我的全部，我的宝贝船！

我哭喊着，绞着我的手指。我祈祷！只有咆哮着的风在角落里尖叫着，大笑着。

我看见一个小码头的沙滩上有些许微弱的灯光。我向它跑去，希望能找到一两个船夫带我回城。那里有一艘船停靠在码头，船上有个驼背的人，睡得很熟，身上盖着一块帆布——是吉安·贝利尼的船。我把"老驼背"摇醒，请求他载我回城。我冲着他的聋耳大喊大叫，但是他假装没有

---

❶ 0.25 英里约为 0.4 千米。

明白我的意思。然后我给他看银币，那份双倍的船费，我试图把它塞进他手里。但是没用，他只是摇着他的脑袋。

我跑到沙滩上，继续寻找回去的船。

时间过去了一个小时。

我又回到了码头，正好吉安走下来向他的船走去。我走近他，解释道我是玻璃工厂的可怜工人，要工作整个白天还加半个夜晚。由于我住在城里，而我的妻子快要死了，我必须得回家。他是否能允许我和他一起乘船呢？"当然可以——我很乐意，乐意帮忙！"他回答道，然后从他的腰带下面扯出了一个什么东西。他说道："先生，这是不是你的帽子？"我拿着我的帽子，半晌没说出话来。因为那会儿我的舌头打了结，于是我没能感谢他。

我们登上船，由于我请求摇船的提议被拒绝了，我只得在"老驼背"身边坐下。然后船头掉转，朝向城里驶去。

风已经停了，雨也不再下了，在蓝黑色的云层间，月光照射出来。吉安摇着一把坚固、做工上好的桨，同时为自己轻轻哼唱着一首"赞美颂"。我躺在那儿，流着泪，想着我的船——我的全部，我的宝贝船！

我们到了码头——而我的船就在那儿，安安稳稳地拴着，没有丢一个垫子或是一根绳子。吉安·贝利尼呢？他也许像帕斯卡尔说的那样是个流氓——上帝才知道！我怎么能说清楚呢？——我不过是个可怜的船夫。

10

CELLINI

切利尼

> 对于曾表现出哪怕一点高尚或值得称赞的正直而可信的人来说，不论他来自哪个阶层，都有一种不可推卸的责任，那就是用自己的文字忠实地记录他们生命中的重要事件。
>
> ——本韦努托·切利尼

"一个对自己极为感兴趣的人，也会对其他人感兴趣。"温德尔·菲利普斯[1]曾经说过。

文学中健康的自我中心，是让形象鲜活的血液。裸着身子且毫不害羞的丘比特总是美的。只有当某个正派人士感觉到他是裸着的，而且试着给他涂一层泥来改善这一境况时，我们才会转过头去。《玛丽娜·巴斯奇特塞夫[2]的日记》中有许多关于玛丽娜·巴斯奇特塞夫的想法和剖析的发展的病态冥想的资料，极为有趣；艾米尔的《日记》紧紧地抓住我们的心绪，让我们毫不知倦；圣奥古斯丁的《告解》永远不会消逝；让·雅克·卢梭[3]的著作是像爱默生、乔治·艾略特[4]和沃尔特·惠特曼这样的人所喜爱的；

约翰·亚丁顿·西蒙兹肖像

---

[1] 温德尔·菲利普斯（Wendell Phillips, 1811-1884），美国废奴主义者，美国土著人的律师，演说家。
[2] 玛丽娜·巴斯奇特塞夫（Marie Bashkirtseff, 1858-1884），俄罗斯日记作者、画家、雕塑家。
[3] 让·雅克·卢梭（Jean Jacques Roussea, 1712-1778），法国思想家。
[4] 乔治·艾略特（George Eliot, 1819-1880），英国小说家。

《佩皮斯日记》❶是沉闷到有娱乐性的，本韦努托·切利尼的《回忆录》让一个普通人永垂不朽。

切利尼有着强烈的个性。他像个工匠那样技巧娴熟。他只说自己所见的事实。他闪烁其词，也只是因为不想提到他认为与任何人都无关的某些事情。他的友情淡如水。那些他最为尊重的人，如米开朗基罗和拉斐尔，对待他如同亨利王子最终对待福斯塔夫❷那样，永远不允许他们一群人出现在与他相隔半英里之内的地方。他与众多女性有着亲密的关系，以至于他要为没有记住她们而道歉。他不怎么关心自己的孩子们。他绝大多数的计划和目的都是处于一塌糊涂的状态。然而他写下了两篇有价值的文章：一篇关于金匠的艺术，另一篇关于青铜铸造；他还有一篇文章是有关建筑的，包含一些不错的观点；他尽溜须拍马之能事时，自然也写过一些诗，这些倒也差强人意。但让他满载名誉的书是《回忆录》，这的确是本伟大的书。所有的一切似乎都表明这个男人虽然是一位伟大的作家，但却有着渺小的心灵。难道我们不是稍稍高估了作者的宝贵天赋吗？

丹纳说过受过教育的英国人写作水平都差不多——他们都同样愚蠢。约翰·亚丁顿·西蒙兹❸，一个受过教育的英国人，切利尼的《回忆录》最好的译者。他写道："幸运的是切利尼没有因文学训练而失去本色。"歌德将切利

---

❶ 塞缪尔（Samuel Pepys，1633-1703），英国作家和政治家，他写作的《佩皮斯日记》（The Dairy of Samuel Pepys）是17世纪最丰富的生活文献，包括对1665年伦敦大火和1666年大瘟疫等的详细描述。

❷ 福斯塔夫（Falstaff），莎士比亚戏剧《亨利四世》中的小丑。亨利王子起初装疯卖傻以求保身时，与福斯塔夫为伍，后得王位成为亨利五世时，将前来邀功领赏的福斯塔夫一伙放逐到十里之外。

❸ 约翰·亚丁顿·西蒙兹（John Addington Symonds，1840-1893），英国诗人、文学批评家。

尼的书翻译成德文。他对刚强的意大利人说道，他完成这项工作纯粹出于乐趣，顺带改善他的文学风格。

切利尼和我们并不完全一样。当我们读他的书时，都会庆幸自己和他不一样。但是每一种在他身上特别明显的特点，在我们身上都有一点。切利尼是真诚的。他从不怀疑自己是绝无谬误的，但是他不厌其烦地指出诸位教皇和其他每一个人的易错性。当切利尼准备外出时，在早餐前杀死了一个人，他表示那个人命该如此，并以此来宣称自己无罪。说到底，自吹自擂和欺凌弱小的人才是真正的懦夫。一个真正勇敢的人不会想着自夸些什么。他在平静时也会像在愤怒时一样勇敢——拿老约翰·布朗❶举例来说。当切利尼手头上有工作的时候，他会让自己陷入一种正义的愤怒洪流。他假装自己是受到伤害的人，是双重的、彻底的阴谋的牺牲者。因此他的一生都在害怕每个人中度过，而他自己又是一个让所有人都害怕的人。

每一个艺术家偶尔都会被艺术嫉妒所攻击。而那个自己对有多种假性天花感到满足的人是最幸福的。切利尼有三种假性天花：急性、恶性和慢性。

柏辽兹❷已经把这个人写进了强劲有力的歌剧中。其他人同样也这样做了。但是仍然需要综合罗斯丹❸、曼斯菲尔德和塞缪尔·埃伯利·格罗斯的创作技巧以充分表现角色。

约翰·莫里❹说过："没有什么会比一匹瞎眼马的勇气更糟了。"因此也许会有人说，没有什么比迷信者的真诚

� 约翰·莫里肖像

---

❶ 约翰·布朗（John Brown，1800–1858），美国废奴主义者、民族英雄。
❷ 柏辽兹（Hector Berlioz，1803–1869），法国浪漫主义作曲家。《本韦努托·切利尼》是由柏辽兹作曲，里昂·德·瓦利（Léon de Wailly）和奥古斯特·巴比耶（Auguste Barbier）编剧的歌剧，大体以本韦努托·切利尼的《回忆录》为基础而创作。
❸ 罗斯丹（Edmond Eugène Alexis Rostand，1869–1918），法国诗人、剧作家。
❹ 约翰·莫里（John Morley，1838–1923），英国自由党政治家、作家、报纸编辑。

更可怕了。本韦努托·切利尼是文学和艺术无赖的理想类型。倘使他曾在1870年的科罗拉多州住过，当地的治安委员会也许会因为他而新建一块墓地。

但他是那样开放、那样单纯、那样率直，以至于我们嘲笑他的失误，羡慕他崇高的决心，为他的罪恶叹息，并同情他忏悔的痉挛。我们也会对他并非有意而为之的幽默来一个浅浅的微笑。他深信宗教但从不虔诚；他颇有良心；他毋庸置疑地拥有艺术天赋；他一生马马虎虎，总是在动乱中度过。他还无可救药地卷入命运之网，犯下了各种罪行。不论何事他都会为自己辩解开脱。他最终平静地去世，仍然真诚地相信他过的是基督徒的生活。

1500年，万灵节之后的那天下午四点三十分，本韦努托·切利尼出生于佛罗伦萨。

"本韦努托"这个名字的意思是"欢迎"：从一开始世界是欢迎本韦努托的。当他五岁时，他抓着一只从院子里找到的蝎子，把它带到房子里。他的父亲看到他手中那个奄奄一息的生物，设法让他扔掉，但他只是把这个玩物握得更紧了。然后父母匆忙地拿起剪刀，剪去了蝎子的尾巴、嘴和爪子，这让孩子很是不快。

在这之后不久，他坐在他父亲身边，盯着炭火盆看。就在那一瞬间，他们在火中看到了一只火蜥蜴，扭得甚是欢快，看起来像是在地狱里做窝。很多人终其一生都没有见过一只火蜥蜴——不论是达尔文、斯宾塞、赫胥黎还是华莱士，都从未见过。火蜥蜴是如此罕见，以至有时会有人否认它们的存在。因为我们十分倾向于否认任何一种我们从未见过的生物的存在。事实上，本韦努托也只见过这一条火蜥蜴，但就这一条亦足矣：加上蝎子事件，它们预示着这个男孩能够在许多炙手可热的职业上，成就伟大的事业，一生中成功不断且平安无事——上帝照顾祂自己。

切利尼的父亲是设计师、金匠和工程师，如果不是在年轻时养成吹笛子的习惯，他也许已经在这些崇高的艺术门类上声名远扬了。他整天地吹笛子。经常是在早上吹长笛，晚上吹横笛。由于长笛的原因，他赢得了他那美若天仙的夫人的芳心。他感谢上帝赐予的这个天赋，坚持不懈地演奏这件乐器——只要自己一息尚存。现在，他的野心是让他的儿子也能吹奏长笛，因为所有慈爱的父亲都将自己看做值得尊敬的榜样，孩子们都应该模仿其父的礼仪和道德品行。但是切利尼看不起长笛这种该死的发明——它不过是让人朝号角里吹气然后发出噪音。然而为了让父亲高兴，他掌握了这门乐器，而且在孝心的驱动下，他有时会吹奏得让他的父母亲留下欣喜的泪水。但是这个男孩的爱好是画画和做蜡塑。他所有的闲暇时间都用在这两项工作上。在十六岁时，他就已经因拥有了极高的创作技巧而闻名于整个佛罗伦萨。大约在这个时候，他那比他小两岁的弟弟，有一天倒了霉运，被一群无赖挑衅。当切利尼英勇地拿着剑跑去营救时，他弟弟已经被打得半死了。无赖刚要逃跑时一队宪兵出现了，逮捕了所有与此事有关的人。这群流氓被迅速治了罪，宣判流放出城。

而切利尼和他的兄弟也被驱逐了。

很快，切利尼发现自己已经在从比萨去往罗马的途中了。他的脚受了伤，身无分文。当他站在金匠的窗口向里凝视时，店主走了出来，问他想要干什么。他回答道："先生，我是一个手艺相当好的设计师和金匠。"

店主见这小伙子讨人喜爱又诚实本分，便直接让他开始工作。此时，这个男孩的人生箴言就是他父亲告诉他的：不论你在哪间屋子，都不要偷窃，做个诚实的人。

鉴于这条箴言，店主马上将店里所有的珍贵宝石都委托给他保管。他在比萨待了一年，过得很开心，对自己的工作也满意。因为他再也不用吹长笛，也不用听别人吹长笛了。几乎每周他都会收到父亲寄来的充满爱的信，请求他回家，并告诫他不要落下长笛的练习。

一年将结束之时，他患了轻微的热病。他决定回家。因为佛罗伦萨较比萨更有益健康。

回到家，他的父亲眼含诚挚的欣喜之泪，拥抱了他。他那变得更加男子汉的外表让他的家人非常满意。当他们擦干快乐的眼泪，道尽欢迎的话语时，他的父亲转身拿出长笛放在他手中，请求他吹奏一曲，以便看看他的演奏是否跟上了他的发育和其他方面的技巧的成长步伐。

年轻人将乐器放在他的唇边，吹起了一首新颖的选段，他的父亲高兴地大叫道："天赋必不可少，但只有练习才能达到完美！"

➡ 洛伦佐肖像

米开朗基罗比切利尼早二十五年出生。他们的家相距不远。在洛伦佐❶的花园，米开朗基罗已经得到了不断向美前行的强大动力，这种动力支撑着他度过了漫长而艰难的一生。

当切利尼十八岁时，这位大师在罗马为教皇工作，是全佛罗伦萨艺术家的骄傲。而切利尼十分向往罗马。他经常去那些能看到古物残片和时髦石雕的画廊与花园，还在圣十字架教堂里米开朗基罗的《圣母哀悼基督像》前蠹立良久，思考着自己是否也能做得这样好。

大概在这时候他告诉我们，他临摹了米开朗基罗那幅著名的草图《在亚诺河洗澡的士兵》。这幅画是米开朗基罗为与莱昂纳多❷竞争韦奇奥宫的装饰工程而创作的。切

---

❶ 洛伦佐（Lorenzo the Magnificent，1449–1492），意大利文艺复兴时期的佛罗伦萨共和国实际的统治者。洛伦佐是当时的佛罗伦萨人，他是一位外交家、政治家以及学者、艺术家、诗人的赞助人。他的生活与意大利早期文艺复兴的巅峰恰巧吻合。他的去世标志着佛罗伦萨黄金时期的结束。他在意大利各邦国之间维系着的脆弱的和平，这些也随着他的逝世而土崩瓦解。洛伦佐·德·美第奇（Lorenzo de' Medici）葬于佛罗伦萨的美第奇小礼拜堂（Medici Chapel）。

❷ 莱昂纳多·达·芬奇。

利尼宣称这幅画标志着大师所拥有的最高的技艺。而他正在工作时,从佛罗伦萨来了一个名叫彼得·托里贾诺❶的人,他已经被流放到英格兰两年多了。这位访客手里拿着切利尼的画,仔细地研究了一番,评论道:"我认识这个人,米开朗基罗——我们过去常常在马萨乔❷的指导下一起画画,一起工作。有一天米开朗基罗惹恼了我,我对着他的鼻子狠狠地来了一拳。我感觉他的皮肉、软骨和骨头在我的指关节下像饼干一样裂开了。那个标记他会一直带到自己的坟墓里去的。"

这些话是真的——除了米开朗基罗是被一根棒子击中而不是那个人的拳头以外。正是因为这一击,托里贾诺不得不逃走。而且看来在数年之后,他已经在自己的头脑中把来佛罗伦萨看成是自愿的了,而他的罪行则是他自吹自擂时的谈资。伏尔泰曾说过,毫无疑问的是,向救世主刺了一剑却刺偏了的士兵,离开后也会以此来夸耀一番。托里贾诺的名字永远和米开朗基罗的联系在了一起。对于一个把恶行当作理所当然的事的渺小者而言,这已经足够让他引以为豪了。

但是托里贾诺的自吹自擂却让切利尼开始眩晕、恶心,继而燃起了仇恨的火焰。他从对方手中一把抢过画作——也许还把托里贾诺打得鼻青脸肿、不成人形,应该没有比这更有可能的事情了。从此之后,切利尼躲着这个人——这对那个人来说会比较安全。

富有激情的艺术对于这个年轻人而言却是平淡的。那

---

❶ 彼得·托里贾诺(Pietro Torrigiano,1472-1528),意大利佛罗伦萨画派的雕塑家。据乔尔乔·瓦萨里的记述,他是在佛罗伦萨的洛伦佐·德·美第奇的赞助下学习艺术的众多有才华的年轻人之一。
❷ 马萨乔(Masaccio,1401-1428),意大利文艺复兴时期第一位伟大的画家。他的壁画是人文主义最早的纪念碑,将人物描绘带入了前所未有的高度。

→ 柯西莫·德·美第奇肖像

不过是他的肉食和美酒——顺便为了甜点奋斗一下。僧侣利波·利皮的孙子弗朗西斯科是他的好友之一。他还有另一位密友，名叫塔索❶，那时和他一样，都是十九岁的年轻人。塔索成为了一名伟大的艺术家。瓦萨里用很长的篇幅来讲述他，描写他在被柯西莫·德·美第奇❷雇佣时的经历。

有一天，切利尼和塔索在他们的工作完成之后出去散步，和平常一样讨论米开朗基罗的惊人天赋。他们约好某一天一定要去看在罗马的米开朗基罗。他们快走到城门了，那扇门直接通往罗马的大路。他们穿过了那道城门，仍然很认真地走着。

"怎么，我们已经在路上了？"塔索说。

"往回走是个坏兆头——我们继续前进吧！"切利尼回答道。

于是，他们继续走着。两个人都说："我们的父母今晚会怎么说呢？"

到了晚上，他们已经走了二十英里❸。他们在一家客栈歇脚，第二天早上，塔索觉着腿都快走断了，他宣布他不能再前进了。切利尼坚持要走，甚至还威胁他。

他们艰难地往前走着。一周之内，圣彼得大教堂的尖顶（那个令人惊异的穹顶现在依然如此）从雾中伸了出来，而他们站在那儿连话都说不出来。他们脱帽致敬，两个人都虔诚地在自己的胸口上划十字。

切利尼有了一份工作。由于人们总是需要有技术的

---

❶ 塔索（Tasso，1544-1595），意大利诗人，曾写过一首史诗，关于在第一次十字军东征时期的耶路撒冷的沦陷。

❷ 柯西莫·德·美第奇（Còsimo di Giovanni degli Mèdici，1389-1464），是美第奇政治王朝的第一期，意大利文艺复兴时期绝大部分的时间里，佛罗伦萨事实上的统治者；也被称为"老柯西莫"（Cosimo the Elder，意大利语 il Vecchio）和"国父柯西莫"（Cosimo Pater Patriae）。

❸ 约32.2千米。

人,他马上就找到了工作。塔索用雕刻木头打发了所有的时间。他们没有看到米开朗基罗——这位知名人士由于过于繁忙而没有时间接待来访者,或是涉足爱冒险的年轻人的社交圈。切利尼对此没有什么怨言。在转眼间两年过去后,他加入了匆忙返回佛罗伦萨的人群。在他经过某个商店时,他和别人较起真来。因为一些穿着笔挺的外套的混蛋狠狠地辱骂他。他们中有一个在他身上倒了一推车的砖头。他给那个恶棍的耳朵上来了一拳。警察出现了,照例逮住了这件事情中那个无辜的"快乐流氓"❶。在被带到地方法官面前时,他被指控袭击一位自由公民。切利尼坚持他只是打到那个人的耳朵,但是许多证人众口一词,断言他用自己紧握的拳头击中了那位公民的脸部。切利尼在一片喧闹声中辩解道:"我只是打中他的耳朵。"地方法官哄然大笑,以到了晚餐时间为由宣布休庭,并警告切利尼待在那儿直到他们回来——希望他不会逃跑。

　　他坐在那儿,想着他那倒霉的运气。忽然间一股冲动占据了他的大脑,他冲出宫殿,迅速跑到他仇人的住处。他抄起他的刀,冲到正在享用晚餐的人中间,一把掀翻桌子,大喊道:"找个告解神甫来,等我教训完你们,就没人用得着看医生了!"

　　有几个女人昏了过去,男人们从窗户跳了出去。有一刀直接刺向流氓头目的心脏。他倒了下去,切利尼想这个男人已命归西天了,于是起身走向街道。在门口,他遇到了刚刚那群跳出窗户的人,他们还叫上了另外一群人来撑腰。他们拿着铁铲、夹钳、长柄平底锅、棍子、棒子和刀子做武器。他朝着四面八方乱打一气,在丢了自己的刀和

➔ 切利尼肖像

---

❶ 快乐流氓(Happy Hooligan),是由美国报纸连环画家弗里德里克·奥佩尔(Frederick Burr Opper, 1857-1937)创作的连载漫画名及主人公名。快乐流氓遭遇了一系列的不幸,部分是因为他的长相和社会地位,但他从来都是微笑面对。

→ 马克思·诺尔道肖像

帽子之后，他还是将一群流氓打倒在地。

切利尼跑到神父的住所，请求为这起谋杀忏悔。他说自己只是出于自我保护而动手的。在忏悔得到宽恕之后，他等待着警察的到来。但是他们并没有出现，因为他以为已经中刀身亡的那个人，只是被划破了夹克而已。而且除了有一个跳出窗户的男人磕伤了自己的膝盖之外，没有一个人受重伤。但是那些判案不公平的地方法官，让切利尼不得不逃出城去。否则他就会被判送往军队，扔到一个上帝才知道在哪儿的地方，和摩尔人打仗。

马克思·诺尔道❶提出的命题的确是建立在某些理论基础上的。他的命题就是天才和疯子是近亲，但是这几乎不能假定他们是同一类人。切利尼有时表现出一种极好的天赋的爆发力。也许他可以被称之为天才——他能创作出优雅的作品。然而有时候他又确乎是个"怪人"。这些奇怪的时期也许能解释他偶尔会把记忆和想象弄混淆的原因，而记忆的消逝完全和他不愿去记住某些事情有关。他从五十八岁开始写《回忆录》，到他六十三岁时结束。因此他有很多年都是在记录自己的经历中度过的。康斯太布尔·波旁在围攻罗马时被杀。切利尼参加了那场围攻，杀了一些人。还有什么比这个更有可能让切利尼杀了那位康斯太布尔呢？切利尼平静地记录着，是他做了这件事。他还透露，是他杀了威廉，奥伦治亲王。事实上，好几个星期以来，他几乎每天至少杀死一个人。长久以来，如果他能如我们所愿，以面对面的形式告知我们这些事情，我们当然

---

❶ 马克思·诺尔道（Max Simon Nordau，1849-1923），匈牙利人，犹太复国主义者的领导人、医生、作家和社会批评家。

更愿意接受他的说法。

在偶然的一个段落里,他写道他给自己的一个儿子取名:"就我所想起来的,他应该是我的第一个孩子。"他的记录点到为止,从未暗示过孩子的母亲是谁,也没有提到这孩子之后成了什么样。就好像在切利尼写这段话的时候,这个孩子已经长大成人了似的。

他极为憎恨那些与他直接竞争的所有人,他称他们为干酪蛆、畜生、贪婪的卑鄙小人和强盗。他恐惧毒药,怀疑他们已经"破坏了他的青铜雕像"。灵魂和天使对他的探视,使得他成为一个游离在理智边缘的人。如果他不喜欢一个女人,或她不喜欢他——两种情况都一样——她就是食人妖、乡下姑娘、贱人、废物、妓女或荡妇。对于那些他不欣赏的人们,他有如此之多的美名赠与他们,以至于译者时常要竭尽全力、绞尽脑汁想出一些词,才不失原文神貌。

如果你想知道,当骑士风度盛行时事情是怎样进行的,你可以在这里找到答案。或者你热爱文学,而且希望找到诸如《法国绅士》[1]、《博凯尔先生》[2]或是《红袍下》[3]这样对人性的有趣的描写,你可以把自己的羽毛笔探入切利尼的书中,在一小时之内采掘出大量的事件,连同廉价的冒险小说的矿渣副产品。

然而切利尼已经在许多观点上证实了历史,并有力地支持了长舌瓦萨里的说法。令人十分怀疑的是,如果在极乐世界也有书可读的话,这两位绅士中的任何一位是否会乐于阅读对方的书——查理·兰姆[4]就认为那儿有书可读。

---

[1] 斯坦利·约翰·韦曼(Stanley John Weyman, 1855-1928),英国小说家,有时被称为"冒险故事王子"(Prince of Romance)。《法国绅士》写于1893年。

[2] 《博凯尔先生》(Monsieur Beaucaire, 1900年)的作者布思·塔金顿(Booth Tarkington, 1869-1946),是美国小说家和戏剧家。

[3] 《红袍下》(Under the Red Robe)是斯坦利·约翰·韦曼写于1894年的小说。

[4] 查理·兰姆(Charles Lamb, 1775-1834),英国散文家。

但是可以肯定的是，是他们提供了时代的杂文趣谈，让我们受益良多。瓦萨里和切利尼年轻时是亲密的朋友，在一起工作和研究。瓦萨里是个穷困的艺术家，也是一个平凡的建筑师，但是他似乎有一种社交才能，当他的天赋捉襟见肘之时能弥补其不足。在韦奇奥宫，有许多他的大型作品的样本，他一定曾以其自身的优点而受到尊敬。现在它们的主要价值在于它们是一位蹩脚的金属匠的作品，被一位讨人喜欢的作家和一位迷人的绅士涂上了颜料，所以我们用食指指出它们并屏住呼吸来欣赏。

切利尼对瓦萨里的愤恨也能证明，长舌者与统治权力相处甚为融洽。否则切利尼就不会想着去谴责他的作品，不会将这个人贬低为财迷、骗子、谄媚者、造谣者、贪婪鬼、流浪汉、恶棍、诽谤者和马屁精了。切利尼曾好几次威胁要杀掉这个人。他在公众场合谴责他，常常在街上追着他，还诚心诚意地称他为彻头彻尾的无赖。如果其中之一真的把另一个杀掉了，这将是文学上的损失。但是可以肯定的是，瓦萨里和切利尼相比更像一位绅士。瓦萨里对待他人的公正性表现在他对切利尼的称呼上，他将他称为"一位技巧娴熟的艺术家，有着活跃、敏锐、勤勉的性格，创作出了大量宝贵的艺术作品，但不幸的是他的脾气极为暴躁"。

人对于自己同时代的人的估量是如此地错误百出，就算一个人说另一个人是无赖，也丝毫不能改变我们对此人的观点。我们是什么样的，看到的东西也是什么样的。一个人给另一个人取的绰号，通常更适合他自己。这就是在切利尼对瓦萨里和班迪内利[1]的称呼中我们解读出的思想。

---

[1] 班迪内利（Bartolommeo Brandini，1493—1560），文艺复兴时期意大利雕塑家、设计师、画家。

这些人是平凡的艺术家，但却是非常好的人。切利尼是比其他艺术家更优秀的艺术家。但如果你恰巧要住楼下的话，他可不是你家楼上的住户的合适人选。

切利尼多次站在铁栏之后，但是通常都设法迅速逃脱了。尽管如此，在三十八岁时，他发现自己出现在圣天使堡❶的地牢。那个阴森的城堡使得他不得不奋力抵抗。

记录天使❷已经不止一次地在他的名字前加上了"杀人犯"的称谓。但是人们对这些事情并不关心，甚至保罗教皇也曾以个人的名义祝福他，并且赦免他已犯下的或将要犯下的谋杀——这是考虑到他曾为保卫梵蒂冈做出过卓越的贡献。

对他的指控现在是单调乏味的，他被指控盗窃了他应该守卫的珠宝。他是无辜的。这一点毫无疑问：不论这个人过去是怎样的，他不会是个小偷。对他的指控只是捏造之词，想要以此将他驱逐出去。很显然，他对此痛苦不已——他总是絮絮叨叨。而且以他的狂妄自大，如果不是因为处境危险，他肯定不会接近某些和政治巨头关系亲密的人。没有人关心杀掉他的事情，他们将他锁起来，这样做益他也益民。也许他们原本的意图是将他关押几个星期，直到他的怒气平息为止。但是他是那样鲁莽，对每一个相关的人都放出一连串的威胁恐吓，以至于事情发展到将他放出来是不安全的程度。

因此他被关在城堡里两年多。在这段时间里，他曾逃

➪ 切利尼雕像

---

❶ 哈德良陵墓（Mausoleum of Hadrian），通常称作圣天使堡，是罗马一座高耸的圆柱状建筑，最初作为罗马皇帝哈德良及其家族的陵墓使用。后来这座建筑被用于堡垒和城堡，如今是一座博物馆。

❷ 记录天使（Recording Angel），是对每个人的善行和恶行做记录的天使。

脱过一次，还在挣脱过程中摔断了他的腿。后来他又被抓住了，带了回来。

监狱不完全是糟糕透顶的——关在监狱里的人经常有时间去研究和思考。但在此之前，这些事情是不可能的。至少他们能够不被打扰。切利尼变得极其虔诚——他读他的《圣经》，以及《圣人传记》。救死扶伤的天使想起了他，精灵出现了，低声呢喃安慰的话语。这个人开始软化、屈从。他写诗，记录自己对于很多事情的想法。在此期间，他的控告者去世了，他获得了自由。出狱后的他比关押进来时的他更好、更有智慧。尽管人们会发现，他对捉拿他的人完全无感激之情。

在监狱里，他计划做某个修道会里的各种雕塑。同样还是在监狱里，他仔细考虑了如何做珀尔修斯和美杜莎。在监狱，像《圣母哀悼基督》这样的作品激起了他的勃勃野心，但是当自由降临时，珀尔修斯占据了他的整个思想。每一件伟大的艺术作品的诞生都是一场革命——这个人最初仅仅将它看做是一个胚芽——它进化、成长、扩大。切利尼的珀尔修斯是一个想法，用了数年时间来发展成熟。这个人的顽固本性和他对形式的热爱结合起来，于是世界拥有了今天这座令人惊叹的作品。它依然矗立在它的创造者当年放置它的地方，那就是兰吉亚长廊——这个美丽的室外长廊在佛罗伦萨市政广场上。那个裸体男人，戴着他高贵的头盔，一脚踩在那个邪恶的女人扭动的身体上。他右手拿着剑，左手拿着仍在滴血的人头——这是一幅可怕的景象。然而做工是如此精致，以至于我们的恐惧很快就消失了，然后转为赞叹。我们在惊叹中注视着它。也许，没有一件艺术作品的历史可以比切利尼完成这件雕塑的故事显现出更多的困难艰辛。一次又一次，他几乎就要将这堆粘土摔成碎块，但是每一次他的手都停了下来。数月过去了，又是数年，数不清的困难出现在它的完成之路上。最终,他想出了一个办法,把它翻铸成了青铜像。而关于它的最终铸造,没有什么比让他来讲述自己的这段故事,能更好地体现这个人的才能了。切利尼如是说:

  我感到确信不疑的是。当我的珀尔修斯完成之时,我所有的努力将会变成崇高的幸福和荣耀。

  于是我坚定了我的心,还有我身体的全部力量以及我钱包里所有资财。我要用仅剩的一点点钱开始工作。首先我从谢里斯托里的森林弄来了一大堆松木。当这些木头还在运来的路上时,我给我的珀尔修斯披上了一层粘土——我早在几个月前就已经准备好这些粘土了,为的是让它们能够充分风干。在做完它的粘土外衣(这个术语就是用在这门艺术里的),并且用铁制骨架恰当地将之围裹以后,我开始用慢火将蜡熔化。蜡熔化后通过我做的数不清的排气孔排出来。排气孔越多,模型就越贴合。当我把蜡完全熔化之后,我在我的珀尔修斯模型周围建起了一个漏斗型的熔炉。它是用砖头砌成的,砖头相互交错,一块叠压在另一块之上,这样就会留下数不清的开口,让火焰能够透出来。然后我开始一点一点地加木材,让它一直烧了整整两天两夜。

➔ 美杜莎头像(切利尼)

  终于,当所有的蜡都熔化了,模型烤得很干时,我开始挖一个可以放下它的深坑。这个工作我干得十分细心谨慎,遵守着艺术的所有规则。当完成了这部分的工作后,我用绞车和粗绳将模型升到一个垂直的位置,极其小心地让它保持在离熔炉的水平距离是一腕尺❶的地方，于是它就悬在深坑的正中央上方。然后我将它慢慢地放下来直到熔炉的底部，让它稳稳地着陆。我为了它的安全而尽可能地小心谨慎。当这个精细的操作完成之后，我开始用挖出来的泥土封好炉火。当土越堆越高时，我插进一种特殊的排气管，它们是陶制小管，和人们用来排水的管子相似，两者的用途也差不多。最后，我确定它已经稳妥地固定了，填坑和安装排气管也已经很好地完成了。我也能看出我的工人们明白了我的办法，它和这一行所有的其他大师的方法都完全不一样。当时，我信心十足地认为可以依靠他们。接下来，我转向我的熔炉，里面填满了大量的铜和青铜材料。这些材料是根据艺术的法则堆叠起来的。也就是说，一块叠在另一块之上，于是火焰就能在它们之间自由穿过，这样可以让金属更快地被加热变成液体。最终，我痛快地大喊着让熔炉工作。松木被填进来，由于用了充满油脂的木材，以及我设计出的完美草图，我的熔炉工作进行得十分顺利，以至于我不得不从一边跑到另一边，以免进程发展得太快。劳动已经远远超出我能承受的范围。然而我强迫自己绷紧每一根神经、每一块肌肉。令我的忧虑增加的是，工场着火了，我们都担心屋顶会砸在我们头上。不过在花园那儿起了一场狂风暴雨，它们不断地灌进来。可以感觉到炉子被冷却了。

我们和这些困难的情况奋战了几个小时。我

---

❶ 1腕尺约等于0.46米。

尽力而为，甚至远远超出了自己强壮的体质可以承受的极限。实在不能再坚持下去了。我突然发起了高烧，病情极为严重。我感到必须要去，就支撑着自己从床上起来。疼痛抗拒着我的意志，不断将我自己从现场拉回来，我向我的助手求助，他们大概有十来个人，是一群翻砂工、手艺人、庄稼汉，还有我自己专用的熟练工。他们之中有贝纳迪诺·曼内利尼，数年来他一直是我的学徒。我特别叮嘱他："看，我亲爱的贝纳迪诺，你遵守我教给你的规矩，尽全力而为之，因为金属会很快熔化。你不能出错。这些可靠的人们会把管道准备好。用这对铁钩，你很容易就能把这两个塞子拉出来。我确定模型能够奇迹般地填充好。我感到这辈子都没有这样生过病，它会在几小时前杀了我的那个真正的信念，现在它已经消失了。

因此，带着内心的绝望，我离开了他们，让自己躺在床上。

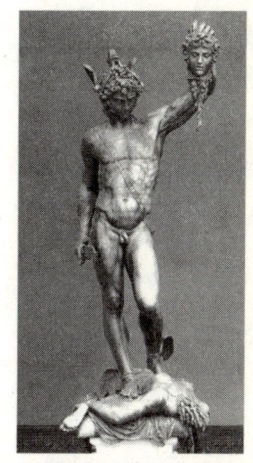

➢ 珀尔修斯青铜雕像（切利尼）

我刚上床没多久，就命令我的女仆给工场里所有的人送去食物和酒。同时我哭喊着："我活不到明天了！"他们试图鼓励我，争辩着说我的病会痊愈，因为病因是过度劳累。就这样，我花了两小时和逐渐增加的高烧抗争，不断地喊着："我感觉我要死了！"

我的管家，她的名字是莫娜·菲奥雷·达·卡斯特尔·德尔里奥，她是一个非常了不起的管理者，同样十分热心肠。她总是因为我的气馁而责备我。但是，另一方面，她尽心尽力地照料着我。尽管如此，看到我忍受身体上的痛苦，还有精神上的沮丧，尽管她有着一颗坚强的心，也依然无法克制地流下眼泪。然而，只要她可以，她就尽量不让我看到她流泪。当我忍受着那样可怕的折磨时，我注意到一个男人的身影走进了我的卧室，他的身子扭曲成蛇形。他发出一声哀叹，像有人对即将在绞刑架上死去的人宣布他们的最后时刻似的，说了以下这些话："哦，切利尼！你的雕塑毁了，没有办法挽回了！"我发出了一声也许只有在地狱才能听到的怒吼，吓得这个可怜人马上尖叫起来。我从床上跳下来，抓起我的衣服就开始穿。女仆们，还有我的女管家，在场的每一个想过来帮助我的人，都首先挨上了一脚或一拳。同时我不停地哀嚎着："啊！叛徒！嫉妒！这是不忠的行为，是有预谋的！但是我向上帝发誓，我一定坚持到底，在我死之前，我会给世界留下我所能做的证明，它将会是在凡间存在的奇迹。"

当我穿上衣服后，就开始大步往前走，心里想着工场里的故障。在那儿，我看到了那些人，他们在我走的那会儿还热情高涨，现在却呆若木鸡、垂头丧气。我马上开始说道："你们都抬起头来！看着我！你们没有能力或不愿意遵从我的指示，现在开始全都得听我的。我和你们一起，我亲自指导你们来完成我的作品。不允许任何人反对我，因为像现在这种情况，我们需要的是手艺和听从，而不是建议！"

当我说完这些话，一个叫亚历山德罗的师傅打破了沉默，他说道："看看你，切利尼，你在试图做的事情并没有得到艺术法则的允许，这肯定行不通。"我愤怒地盯着他，最后他和所有其他人都用一个声音大喊着："来吧！下指令吧！

只要我们还活在人世,我们都会听从你哪怕是最小的命令!"我相信他们所说是如此地真心诚意,因为他们想,我一定不久后就倒地身亡了。我立即走上去检查熔炉,发现金属都凝固了。这是一起小事故,我想会用"结块"来表述。我让两个帮手到路对面,从屠夫卡普雷塔的房子旁拿了许多小橡树的木材来,那些木材已经在那儿风干一年多了。拿到第一堆木材时,我就把它们装进了炉子下面的格栅。那种橡木能比其他任何树都更快地加热。因此,在需要慢火的地方,如枪械制造厂,就更适合使用桧木或松木。于是,当原木着火时,哦!"结块"是如何开始在那可怕的温度下颤动、灼热、迸出火光!在那同时,我不断地搅动管道,派人到屋顶上去阻止它剧烈燃烧。那火已经从炉子里不断增强的燃烧中获得了能量。我还竖起了木板,挂起了地毯以及其他能立起来的东西,以挡在花园前面——为了不让我们受到风雨的侵袭。

当我如此这般做好预防多种灾难的工作之后,我对那些人一个接一个地喊道:"把这东西放这儿!把那东西放那儿!"在这危急时刻,当所有的人看到"结块"开始熔化时,他们都服从了我的命令,每一个人都以三倍的力气去工作。我接着命令他们拿来一大半锡块,大约重六十磅❶,把它扔进了炉子里的"结块"中。这样一来,通过不断地添木头,用拨火棍搅拌,用铁棍搅动,那凝固的"结块"开始迅速熔化成液体。然后,

---

❶ 约27.2公斤。

➡ 弗朗西斯一世的盐罐
（切利尼）

我知道我已经起死回生了，和那些无知的人的顽固想法相反，我感觉到有如此之多的活力充满了我的血管，以至于所有因高烧引发的疼痛，还有对死亡的恐惧，都消失得一干二净了。

突然间，一起爆炸发生了，伴随着巨大的火光，就好像形成了一道雷电，就在我们之中炸开。骇人的恐怖让每一个人都惊呆了，而我比其他任何人都要惊愕。当喧闹结束，炫目的光消失时，我们面面相觑。当时我发现熔炉的顶部被炸开了，青铜正在从底部汩汩冒出。于是我马上打开模型的口子，同时塞进两个防止金属熔液流出的塞子。

但是我注意到，它并没有向往常那样快速地流出。原因也许是我们燃起来的火焰的高温已经消耗了它的基合金。最后，我找来了我所有的锡制大浅盘、汤碗和餐具，数量大概有两百个。我把其中的一些，一个接一个地扔进渠道里，剩下来的扔进熔炉。这种应急手段成功了，每一个人现在都感觉到我的青铜已经完美地熔化了，我的模子也已经被填满。因此他们都为协助我并遵从了我的命令，而发自内心地感到高兴。而我，现在在这儿，在此处，用自己的一双手发号施令，大声喊着：ّ"哦，上帝！你以不可比拟的力量让我起死回生，我会在你的光辉里升入天堂！"……就在片刻间我的模子填满了。看到我的工作完成后，我跪在地上，全心全意地感谢上帝。在一切都结束后，我拿起放在长凳上的一碗沙拉，放怀大吃了起来，和全体成员一起喝酒。然后，我回到床上，身体健康，充满着幸福感。现在离黎明还有两个小时，我甜蜜地睡着了，就好像从未经历过病痛的折磨。我的好管家，不用我吩咐，就已经为我准备好了一只肥美的阉鸡。于是，当我起床时，大概是早餐时分，她笑容满面地出现了，说道："哦！这是那个说自己快要死了的人吗？我敢保证，我想，昨晚当你气愤之极对我们拳脚相加时，看起来就像是你的身体里有个魔鬼，一定是它吓跑了你的高烧！"

　　我可怜的管家，像是从焦虑和过度劳累中松了一口气。她很快就出门买了陶器以代替昨晚被我熔掉的锡制餐具。然后我们一起高兴地享用菜肴。不仅如此，我想不起来在我的一生中还有哪次比那天吃得更开心，或有更好的胃口。

　　尽管事物的形式也许会变化，但它却不会消失。所有的一切都在流动中。人类，还有星球，都有自己的轨道。有的会比其他的产生更大的动荡。但是只要等待，它们终将回来。不仅小鸡会回巢，所有的事物都会这样。切利尼的出生之地，也是他的逝世之处。他在一个地方停留的极限——曾经有一次，大概是两年。在他心里有文艺复兴时期所有的美和激情，同时还带着黑暗时代的野蛮和愚钝。毋庸置疑的是，他作为一个设计师和金属细作手工匠的技巧，让他一次又一次地逃脱了死亡。亲王、红衣主教、教皇、公爵和牧师之所以保护他，仅仅是因为他能够为他们服务。他设计了圣坛、棺材、手镯、花瓶、束腰带、扣钩、奖章、戒指、硬币、纽扣、印章，还为教皇设计了三重冕，为皇帝设计了王冠。对于细小和精美的事物，他尽全力使之展现出更多的美。就盖棺定论而言，他是一个人，而他名字的弱点在于，他是一个好事之人。

在他工作时，他总是知道和他有关的其他人在做什么。如果他们是技术不熟练的工人，他会以友好的方式鼓励他们；如果他们超过他、在他的水平之上，像米开朗基罗那样，他便对他们阿谀奉承；但是如果他们和他旗鼓相当，他就会用一种无以言表的憎恨敌视他们。

通常总会有艺术和某些女人绝望地搅在他的混战中。在迁居过程中，他在佛罗伦萨、比萨、曼图亚和罗马之间游荡，必要的时候还会去法国。每当他到一个镇子，很快就能和其他技术娴熟的工人打成一片。自然而然地，他也会被介绍给他们的女友。用他自己的话来说，这些女士通常是"彬彬有礼的"。很快他会和其中一个或更多个相处甚好，然后嫉妒就产生了。他会对她厌烦，或者更有可能是她对他开始厌烦。然后，如果她开始与一个金匠鬼混，切利尼就会用非同寻常的憎恨来仇视这对情侣。他肯定他们一定会密谋除掉他：他会注意听他们的谈话，埋伏以待，观察他们的行为举止，还秘密地询问他们的朋友们。然后突然在某个黑夜，他会从藏身的角落突然跳出来站在他们面前，喊道："你们受死吧！"有时候，他们的确命丧黄泉。

然后切利尼会逃跑，不留下他的新地址。到了另一个公国之后，他就相对安全了——他离开的地方很乐意除掉他，而收留了他的新公国很乐意保护他。在新的环境下，所有的麻烦都置之脑后了。他会拥有一张干净的收支清单，充满热情和活力。

人的心并没有改变。每一个受雇的印刷工、石印工和报纸发行人都知道这类古怪的、聪慧的、充满艺术气息而又麻烦不断的人。他只在一段时间提供良好的服务，然后环境开始让他感到恐惧。他变得不安、多疑、不太正常。他在寻找一个机会逃跑。烈酒的加入更是加速了他内心的骚动。然后又出现了一次打击、一场斗争、一起爆炸，于是我们的艺术流浪者发现自己再次站在了人行道上。

他远行了，诅咒着每一个人。在两年中，或两年不到的时间里，他忏悔着，又回来了。宿仇旧怨已经被遗忘了，有些仇人早已去世，其他人也已不久于人世，而这位艺术工人得到了一张桌子或一个箱子。

切利尼的书以各种各样的原因引起了人们的极大兴趣。这很大程度上是因为他间接地描述了只有坟墓才能治愈的不安和乡愁。最后，我们对他的责备会在同情中烟消云散。人们只能友善地想起那些是自己最坏的敌手的人，那些在某些小事上获得成功的人。而剩下来的人，则在许多事情上都失败了，也不会被记起。

ABBEY

阿比

作为一名插画家,阿比在姿势中把优美和恰到好处的戏剧感结合在一起。些许的老本杰明·韦斯特❶式的夸张倾向不会对阿比造成什么伤害;但是如果他的想象力在更高的飞行中畏缩不前,这种更远的想象通常由古斯塔夫·多雷❷实现,有时也会在伊莱休·维德❸那儿得以表现,然而他的冷静严肃中有一种魅力,有一种东西迫使我们去尊敬这种精工细作的方法,在他每一件精美的作品里都表现无遗。他笔下的一些莎士比亚人物,流连着记忆中的扮演者的形象,例如由埃德温·布思❹扮演的埃古❺,或是由莫德耶斯卡❻扮演的罗莎琳德。

➡ 伊莱休·维德肖像

——查理·德·凯❼

1852年埃德温·奥斯汀·阿比❽在费城出生(这并非他自己的选择)。他的父母蒙福,过着比上不足、比下有余的生活。他们对阿比的期望就是他能进入所谓的有学识的

---

❶ 本杰明·韦斯特(Benjamin West,1738-1820),生于美国的英国画家,英国皇家美术学院第二任院长。
❷ 古斯塔夫·多雷(Gustave Dore,1832-1883),法国画家。
❸ 伊莱休·维德(Elihu Vedder,1836-1923),美国画家、插图画家和作家。
❹ 埃德温·布思(Edwin Thomas Booth,1833-1893),十九世纪美国著名演员。
❺ 埃古(Iago),莎士比亚剧作《奥赛罗》中的反面人物。
❻ 莫德耶斯卡(Helena Modjeska,1840-1909),美国波兰裔著名戏剧女演员,专门表演莎士比亚戏剧中的悲剧角色。
❼ 查理·德·凯(Charles de Kay,1848-1935),美国诗人、文学家。
❽ 埃德温·奥斯汀·阿比(Edwin Austin Abbey,1852-1911),美国插画家、艺术家。

三种行当之一❶。但这并不对这个男孩的口味。我恐怕得说，他还在娘胎时就已受到异端分子的影响。因为他们确实说过他真是他母亲的孩子。在她怀疑加尔文教派的五条原则，并不再相信《三十九条信纲》❷之前，这位母亲的思想就已经染上了教友派信徒组织的色彩。她能为她自己来思考，为她自己而行动。她感觉到牧师们也只是会猜测而已，还发现眉毛浓密的医生们对麻疹、腮腺炎、水痘和百日咳的了解并不比她知道得多。他们在夏天还戴着狗皮手套，当人们问他们问题时，他们以咳嗽作答——以争取时间来想出答案。费城总是有过多的医学杂志和武断的医生。阿比太太住在费城但却几乎没看过医生，她从来不理睬他们。她将蛇麻草茶、硫磺、糖浆一起裹在温暖的毯子里当作药方，以对付任何一种疾病，这样做取得了巨大的成功。除此以外，她每天都把工作排得满满的，还让其他的人都工作。巴法姆老执事的教条："发现有人在做自己的工作的人，是被祝福了的人。"这在她的信条里可没有位置。对于她来说，每一个人都有自己的工作，其他人无法替代。而且每一天都有工作要完成，不能在任何其他时间完成。获得成功、健康和幸福的秘诀就在于做好任何一件你试图去做的事情。

既然已经从对她的男孩的期望中去掉了两个有学识的职业，那么剩下来的法律就成了唯一的选择。

能成为费城的一名律师是件引以为豪的事情。费城律师极其精明狡猾，而且有能力扰乱最简单的陈述，因此他们总是可以迷惑法官和陪审团。在斯古吉尔河的岸边❸，所

---

❶ 有学识的职业（Learned Professions），指与医学、神学及法律相关的职业。
❷《三十九条信纲》（The Thirty-Nine Articles of Religion），英国圣公会的教义纲要，带有加尔文神学要素，反复宣明圣经是唯一权威。
❸ 指费城，因费城位于宾夕法尼亚州东南部，特拉华河与斯古吉尔河交汇处。

有的陪审员都拿着骰子，用绝对的公正来判决案件——小案件就用小骰子，大案件就用大骰子。费城律师拎着装满了摘要的绿包。这些摘要除了简洁以外什么都好；里面还有章程、保证书、权书、双方付款凭单、罚金、裁决书、契约，更不用提诡辩、搪塞、借口和双关了。费城律师前额高高，客户多多。律师是受过教育的人，被所有人尊敬——这就是阿比一家的理想。当然，人们会注意到，只有那些从安全距离来看待律师的人才会把它看做是一个理想。

幸运的是，对于阿比一家而言，比起其他两种职业，他们更不需要律师这一行。他们对律师的观点是从一个十年以来每天早上九点四十五分经过他们家的律师身上得来的。他戴着高高的帽子，一手拿着金杖头的手杖，一手拿着绿色的包。他住在胡桃街第九区一栋三层楼房里，那里有着白色的云石台阶和白色的百叶窗，窗上系着黑色的斜纹布，表示他的兄弟在婴儿时期就已夭折。

阿比应该成为一名律师，他将光耀门楣。

但是，唉！阿比身材矮小，前额低窄，眼睛斜视。他并不热衷于读书——他所愿意做的就只是画画。现在，所有的孩子们都会画画——在他们能读书之前，他们就会画了。而在他们能画画之前，他们就拿着家里的大剪刀，从《哈泼斯周刊》❶上剪下图画。在孩提时期，这个男孩就从《哈泼斯周刊》上剪下图片。那时乔治·威廉·科蒂斯❷第一个坐上这把安乐椅。阿比剪下这些图画，并不是因为它们特别糟糕，而是因为他就像其他所有的孩子们一样，是一个正在萌芽的艺术家。而艺术家的本能就是将东西拿出

➙ 乔治·威廉·科蒂斯肖像

---

❶ 《哈泼斯周刊》（Harper's Weekly）是一本纽约城的美国政治杂志。由哈泼和兄弟们于1857年至1916年出版发行，以国内外新闻、小说、多种题材的散文和幽默故事为特色。
❷ 乔治·威廉·科蒂斯（George William Curtis，1824–1892），美国演说家、作家，曾担任《哈泼斯周刊》的编辑。

来，分离它，然后扔弃掉。

所有的孩子们都画画，我说过，这是真的。但是大多数孩子却因忍耐和时不时在耳朵上来的一拳而改变了这个习惯——明智之举。所有的孩子们也都是雕塑家。也就是说，他们想用泥巴、生面团、蜡或油灰来制作东西。但是只关心干净衬衫和围裙的母亲，丝毫不能忍受片刻对这种爱好的沉迷。给孩子们生面团、油灰和剪刀，会让你的房子里满是乱七八糟的垃圾——等着看好戏吧！

阿比太太将剪刀藏了起来，把《哈泼斯周刊》放在了高架子上。她拿走了男孩的铅笔，把油灰扔在第四街的葡萄藤架下。男孩因此发脾气了，大人们为了妥协，替他拿回了他的全部玩意儿。

是的，这个身材矮胖、眉毛浓密、长着罗圈腿的男孩有他自己的行为方式——眉毛浓密、罗圈腿的人经常是这样。恺撒和克伦威尔长着罗圈腿，拿破仑也是，同样还有皮尔庞特·摩根，而詹姆斯·希尔·查理一世则是八字脚。八字脚是畸形；罗圈腿是意外。斗牛犬有罗圈腿；猎狐犬都是八字脚。罗圈腿意味着意志强盛——有做成某事的决心，因为在软骨还没变成骨头之前，孩子坚持要自己走路。精神比物质更强大，于是就有了希腊式的曲线。

小埃德温·阿比打理阿比一家的家务并画画，因为他想要这样做——在人行道上、白色的台阶上、厨房的墙壁上，或是书的衬页上画画。

有谣言说埃德温·阿比在学校过得并不好——他不上课，反倒画画，而三十年前这样的行为足以作为绝对堕落说的证据了。就像业余铁匠以制作马蹄铁开始，最终都会以失败告终，阿比一家放弃了神学和法律，决定如果阿比成为了一名优秀的画家，那也就足够了。那时，不是经常有画家成为了作家吗？——然后是编辑，再然后是资本家！阿比也许就会拥有《莱杰尔》杂志，还可以收藏四百七十二只时钟。

　　因为一个共同的朋友，蔡尔兹先生面试了他，接下来阿比开始了在《莱杰尔》排字部门的工作。他每天晚上以及每周三一次、每次一小时在艺术学院的免费课上学习画画。

　　他在报社呆了多长时间，我不清楚，但是，某一天到来了。那天蔡尔兹先生和他的部下表示，他们不再需要他了。他们给了他一封去往《哈泼斯周刊》艺术部的推荐信。

　　那位乔治·威廉·蔡尔兹的确和年轻的阿比有着很深的交情，这点毋庸质疑。他以父爱般的关心密切注意着他的事业，而且就我所知，他是第一个预见性地看出阿比将成为一位伟大的艺术家的人。乔治·威廉·蔡尔兹是一个多面手。他有着清醒的商业头脑，他是人性的法官、艺术的赞助人、奇珍异宝的收藏者，他的文思清晰有力且笔风优雅。有着这般坚强的性格的人通常爱憎分明。蔡尔兹厌恶的癖好就是烟草。整个《莱杰尔》杂志社都贴着醒目的标志："严禁吸烟！"从来不会写着"请不要抽烟"或是"吸烟危害健康"。不会是这些——命令是强制性的。而人类情事的易变性，以及生活的小讽刺，如今就表现在了这件事上：乔治·威廉·蔡尔兹的名声通过一根极妙的五分钱的香烟而永生不灭。

　　抽烟是否与小阿比和他的《莱杰尔》朋友们决裂有关系，这是个问题。据说蔡尔兹让这个年轻人在他离开之时发了一个誓，那就是他将不再吞云吐雾。联合广场的购买记录多次让我们失望，但是人们相信，阿比有整整三个星期遵守了他的诺言。

　　"埃德温·阿比通过跳进深水来学会游泳。"亨利·詹姆斯——一个待在准时到荒谬的期刊艺术部门里的年轻人说。在网线凸版的时代来临之前，只能动笔去画，这就是那儿要做的全部工作。

　　在城里、城外、波士顿之外、甚至远在布法罗都发生

➣ 阿比肖像

了一些事情——艺术部门的年轻人都被送去创作画作。当过记者的经验使人发展出了有利的条件——一个人必须完成任务。为了又快又好地写完任何一个主题，老式日报的记者总是尽力完成任务。当底稿必须要在两小时之内送来时，即便是懒鬼都会变得勤快起来。学会写作的方法就是去写，但是年轻人不会拿他们自己的自由意志当写作题材，作为文学大副的总编辑给这些年轻人送上满满的一堆咒骂是有必要的。或者，等等！还有另外一种方式刺激神经节细胞，并让细胞发挥宇宙的潜能——《日常话题》是递送给爱思考、会感受的女士的。那就是歌德获得他的风格的方式❶。每天都有情书在相互传递，数年之后——火花已成往事，歌德发现自己是他那个时代最伟大的文体学家。爱情教导了他。

给日报写作是一项很好的训练，只是你一定不要坚持太久，否则你会发现自己被这车轮所束缚，成为这台轰鸣机器的一部分。

将日报和日常情书结合，你就有一个理想的条件来成就一种文学风格。为什么不放弃前一个，坚持第二个呢？这将会是理论家的建议。

画画不过是说故事的方式之一。阿比所讲述的故事，很快就在更好的工作中出现了证据，表明他是为某一个人而讲的。如果拥有一整套《哈泼斯周刊》，即从1872年到1890年间的，你就能追踪埃德温·阿比的艺术"进化"了。如果阿比的画作的任何一幅被撕下，这些书几乎就和垃圾差不多的价值。但是如果某一套能够登出广告，正如我昨天看到的那一本，说"有全部阿比的绘画，保证完整无缺"，这一套书就能卖出个好价钱。如今的人们在明智地

---

❶ 指歌德的书信体小说《少年维特的烦恼》。

收藏《哈泼斯周刊》，仅仅是因为阿比曾经是艺术部门的一分子。而这套书的价值会随着时间而增长，因为它们追溯了一个伟大而崇高的灵魂那平缓但坚定的进步。

埃德温·阿比接受这个职位时才十九岁——更准确地说，保住一份工作时——在《哈泼斯周刊》的艺术部门。杂志社的记录显示他的薪水是每周七美元——但并非一直是这个数字。这个年轻人在学校的成绩不好，没能成功地当上一名印刷工。但是他能将自己的能量倾注在铅笔尖上，而他的确做到了这一点。移植通常能将野草变成鲜花。这看起来似乎是一种严厉且痛苦的说法，但许多灵魂的拯救都是从离开自己的家庭开始的。他们是聪明的父母，不允许有任何困难阻碍他们的孩子。旧式的观念是父母对他们的孩子降临到这个世界上要负全部责任，因此，直至孩子们成年为止，父母拥有他们的身体和灵魂——甚至即便到那时，束缚也不曾减少一点。"好吧，你想让威廉以后做什么工作？"以及"你打算让谁和芳妮结婚？"这些都一度是常见的问题。一直以来，事实仍然是孩子并非上帝赐予父母的礼物。孩子们不过是神赐的房客。如果你想让他们作为爱、生活和光明的愉悦留下来和你在一起的话，就好好地利用他们，给予孩子爱、更多的爱，爱和自由会让他那神赐的生命得以维持。然后，你为了他好而给他的全部戒律训令，他会从你那儿汲取，而你不需要说一个字。试图通过教训来教育一个孩子，只会让你身处劣势。孩子没有失去他那天赐的观察力，他会如同你所表现出来的那样去看待你，而不在乎你所说的。

在《哈泼斯周刊》，阿比陷入了与高手的竞争中。杂志社里有一个叫莱因哈特的年轻人，还有一个叫亚历山大的年轻人——他们经常叫他"伟大的亚历山大"，而他也不负其名。

之后不久又来了霍华德·派尔、约瑟夫·芬内尔和阿尔

威廉·莫里斯肖像

弗雷德·帕森斯。小阿比颇受鼓舞地工作着，争取让自己处于在最佳的地位。有一段时间，他画得就像亚历山大，然后像莱因哈特；接下来，帕森斯成了他的良师益友。最终，他找到了属于自己的海洋。那一年似乎正好举办了百年世博会❶。《哈泼斯周刊》派这个年轻人前往费城——或许是他自愿去的。不论如何，他在博览会的艺术展厅里流连徘徊，从这儿学到的东西前所未有地激发了他的天赋。

他那时二十四岁。他的薪水一路飞涨，从一周十美元到十五美元、二十五美元；如果他想要"经费"，就直接向出纳要。开支账户比股票交易能得到更多的意外收益，这句实在话和阿比一点关系都没有。在世博会上，阿比发现了《亚瑟王传奇》——他陷了进去，就像威廉·莫里斯❷在他五十岁之后沉溺于冰岛传奇一般。阿比曾在《哈泼斯周刊》被称作"驿站马车夫"，因为他发展出一种能力，能描绘老式酒馆的某个激动人心的一刻：人们换着马匹，驾驶员戴着白色钟形帽、穿着上好的马甲，把他的缰绳扔向一个头发剪得精短、马裤更为紧绷的家伙，穿着巨大裙撑的女人从驿站走出来，拎着许多手提箱外加一个鸟笼。阿比为这幅场景注入的生命力美妙绝伦——只是一点点的喜剧，丝毫不掺杂讽刺！"如果这是在1776年！把它拿给阿比。"总编咆哮着说——对于总编们而言，作为野兽，总是要咆哮的。

阿比和帕森斯去了费城并返回，他们为这次行程花费了两周的时间，一路上画了驿站马车、酒馆、高高的房子

---

❶ 1876年百年国际展览会（The Centennial International Exhibition of 1876），是美国第一届官方世界博览会，在宾夕法尼亚州的费城举行，以庆祝在费城签署《独立宣言》一百周年纪念。这次是官方的艺术、工业品和农产品的国际展览。它在斯古吉尔河边的费尔蒙特公园举办。

❷ 威廉·莫里斯（William Morris，1834-1896），英国织物设计师、艺术家、作家、社会主义者和马克思主义者，与前拉斐尔兄弟会和工艺美术运动有关。

→ 独立大厅

和老旧的木桥。它们都被用别针别在一起——只有这些而没有其他，除了独立大厅❶以外。随后，他们去了波士顿，画了法尼尔厅，包括室内和室外，以及国王礼拜堂和议会大楼，还有昆奇威，连同曾住过两任总统的亚当斯村舍。而那儿现在住着威廉·斯皮尔，他是美国革命女儿会❷唯一的男性名誉成员。斯皮尔先生是艺术行政官，且以艺术之名表演古代滑稽戏——正是斯皮尔先生为阿比先生扮作托尼·兰普金❸。

阿比已经完成了华盛顿·欧文❹的荷兰籍纽约人的故事，以及各种各样的"华盛顿总部"的故事。他只用黑白

---

❶ 独立大厅（Independence Hall），位于美国费城，是独立宣言签字处。
❷ 美国革命女儿会（The Daughters of the American Revolution，略作 DAR），是一个以家族血统为会员资格基础的妇女组织，致力于推进保护历史文物，推崇爱国主义教育。
❸ 托尼·兰普金（Tony Lumpkin），是盎格鲁爱尔兰的诗人、作家与医生奥立佛·高德史密斯（Oliver Goldsmith，1728-1774）在戏剧《屈身求爱》（She Stoops to Conquer，1773 年）中虚构出来的人物。
❹ 华盛顿·欧文（Washington Irving，1783-1859），美国十九世纪早期作家、散文家、传记作家和历史学家。他的史学作品包括乔治·华盛顿、奥立佛·高德史密斯和穆罕默德的传记，以及十五世纪西班牙的历史，例如有关哥伦布、摩尔人和阿尔罕布拉宫的历史。

两色创作——蜡笔、铅笔或装有墨水的钢笔。他的手法已经有了一种风格——撒着粉的假发、额前或两鬓用口水来弄平的发卷、裙撑、引人注目的太阳帽、三脚帽和四驾马车！这些都是他的作品的特征。他根据模特的形象再加上自己的想象力进行创作。他已经耗尽了美国的老旧样式——他渴望在英国让自己的想象力焕然一新。百年世博会已经完成了它非同凡响的工作——阿比和帕森斯并不满足——他们想要看到更多。在驿站马车的时代之前是城堡时代。步枪之前是喇叭型前膛枪，而在它们之前是吊闸、护城河、长矛和锁子甲。

《赫里克》杂志的豪华精装版是出版部门提议的——有的说是艺术部门提出的建议。不论怎样，在主任办公室有过一个讨论会，小阿比将要去英国，去看看那里的景色，用他的铅笔让往日的时光在当今世界重现。

阿比就要去英格兰了，这事似乎到此就要结束了。但哈泼兄弟并没有打算失去他们对他的占有。薪水被限制了，但经费提高了，协议规定阿比必须成为哈泼的人。这是在1878年，阿比二十六岁的生日即将到来之时。但是，阿比已经发出了他将要离开的消息，他向每个人道别，包括他的老朋友阿尔弗雷德·帕森斯。帕森斯打算去码头为他送行。

"我希望你也能来英格兰。"阿比嗓子沙哑。"我相信我会的。"帕森斯声音哽咽。而他的确这样做了。

总编咆哮如雷，但无济于事，因为载着两个男孩的冠达邮轮❶那时已扬帆起航，朝着英国海岸驶去。

是一个美国人发现了斯特拉特福德❷。如今在极大程

---

❶ 冠达邮轮（Cunard Line）是美国所有，英国营运的航运公司。十九世纪到二十世纪初期的一百多年来，它一直是北大西洋邮船的主要经营者。

❷ 斯特拉特福德（Stratford），位于英国中部瓦维克郡埃文河畔，是英国剧作家威廉·莎士比亚的出生地。

度上是美国游客的彼得的便士❶养活了这个小镇。在斯特拉特福德,华盛顿·欧文和这位大师相互推搡争抢着第一的位置,当我们在乔治·蔡尔兹泉边饮水时,我们虔诚地倒一杯向这三位祭献。

像所有好读书、爱艺术的美国人一样,当阿比和帕森斯想到英格兰的时候,他们想到的就是莎士比亚的英格兰——华盛顿·欧文已经清楚明白地描述的英格兰。

→ 华盛顿·欧文肖像

华盛顿·欧文似乎和我们的年轻人十分亲密。他们在伦敦停留了短短几天,然后就起程去往斯特拉特福德了。他们徒步前行,像是成了两个带着蜡笔、嘲笑蒸汽马车的人。他们朝着牛津走去,途中在客栈歇脚,那儿有爱说长道短的人断言,《爱的徒劳》❷的作者和店主夫人有一腿——这件事我从不相信,尽管我知道它是真的。年轻人从牛津取道去往传说中有名的沃里克❸,在那里吊闸升起来了——或者放下来了,我记不太清是哪个了。每个夜晚,在日落时分就会响起敲鼓声。那就是莎士比亚知道的老沃里克城堡了。那就是他看见的那棵黎巴嫩雪松,还有那一群尖叫着的孔雀以及盘旋的白嘴鸦和寒鸦,它们都在静静流淌着的埃文河的对面。在草甸上,就是那一只云雀在震颤着快乐的空气。

小阿比看着这些景象,就像华盛顿·欧文看到它们一样,就像男孩威廉·莎士比亚看见它们一般。

从沃里克走九英里❹就到了斯特拉特福德。在斯特拉特福德,游客零零散散;野餐的人遍地开花;草地上总能

---

❶ 彼得的便士(Peter's pence),为旧时英国每户每年呈给罗马教皇的一便士献金,或天主教徒献给罗马教皇的年金。

❷ 《爱的徒劳》(Love's Labour's Lost,或译为《空爱一场》)是威廉·莎士比亚的早期喜剧之一,大概写于十六世纪九十年代中期,最早于1598年出版。

❸ 沃里克(Warwick),英国英格兰中部沃里克郡城市。

❹ 约14.5千米。

听见夸夸其谈者的声音，培根哲学的信徒就在头顶上。阿比和帕森斯在红马客栈歇脚，住在华盛顿·欧文曾住过的房间。他们现在确实说欧文曾用过房子里的每一个房间。斯特拉特福德并不合我们朋友的心意。他们想要在莎士比亚的故乡待六个月，那是总编的说法——"六个月，记着。"但是他们并不想研究游客。他们只想稍稍离开旅行的轨道并远离火车的刺耳的鸣声，离开这个他们能听到四驱马车号角的回声、车夫的鞭子的噼啪声和即将到来的驿站马车的嘈杂声的地方。

百老汇离斯特拉特福德二十五英里❶远，距离最近的火车站五英里❷远。对于纽约客而言，最糟糕的事情就是名不符实了。

在百老汇，近一百年来没有修建过一幢新房子，有些建筑可以追溯到数百年前。阿比和帕森斯发现了一座房子，据说是建于1563年。那个地方有全套家具，由那些已经入土百年的人做的。头顶的橡上镶着手工制作的钉子，用于悬挂一片片的熏猪肉和一串串的干药草；要在壁炉或荷兰灶里做饭；角落里放着模样奇怪的小橱柜，在房舍后面伸出一片半英亩❸大小的土地。除了住着阿比的心上人的波登镇以外，这是他所见过的最美的上帝的花园。

租金是一年十英镑。他们欣然接受——即便是这个价钱的两倍他们也会接受。

住在街对面的老妇人被请来做管家，我们的艺术家们马上扔下他们的装备，像林肯一样说道："我们已经来了。"中部英格兰的美丽和平静安详无法用言语来形容。这也难怪年轻的艺术家有几个星期不能动笔作画——他们

---

❶ 约40.2千米。

❷ 约8千米。

❸ 约0.2公顷。

完全陶醉于其中。

最终他们开始了工作。十七世纪的建筑样式到处都是，单独一条街道就足以构成一幅图画。帕森斯画他所见的；阿比除了画他所见的之外，还会在其中加上自己的想象。

六个月过去了，而回到纽约时总编的咆哮声在他看过几幅写生之后安静了下来。帕森斯的水彩画法获得了不错的反响；而阿比接着递上了一幅以当地青年为模特的亚瑟王草稿。

有一些画作被送至伦敦——还在那儿受到了好评。伦敦认可了。就在皇家美术学院主动向他敞开大门之后，阿比被选为"透明水彩画家"的成员。

两年过去了，《哈泼斯周刊》有了新的安排。阿比带着整箱的草稿返回美国——足够为好几本《赫里克》做插图。他在纽约呆了八个月，时间长到足以看到这本书顺利地发行，并结束他在费城的工作。

从那以后，莎士比亚的故乡就成了他的家。

艺术家的作品就是他的生命——他能安心地工作的地方就是他的家。如老厄萨·梅杰尔所说："爱国主义并非如此糟糕。"但这个词不能在鲜艳的艺术词汇里找到。艺术家不知道什么是国家。他的家就是世界，而那些喜爱这种美丽的就是他的同胞。

阿比已经留在了英格兰，不是因为他不那么爱美国，也不是他爱英格兰更多一点，而是莎士比亚的故乡有一种旧时的风情，与他的艺术心境相符合——这是个工作的好地方。艺术家的作品就是他的生命。

在费尔福德的"摩根纪念厅"，距离阿比在英格兰的第一个家只有几英里远，现在他在那儿工作、生活。附近住着玛丽·安德森，她是一个出色而温柔的女人，妻子兼母亲，她是曾经最为成功地掀起当晚演出的高潮的人。这个地方是古老的，覆盖着葡萄藤，旧时的建筑也已经匆匆度过了三百年的岁月。由于掩藏在巨大而四处伸展的山毛榉之中,你必须要看上好几眼才能在路边发现这幢房子。

阿比快乐地娶了这样一位最有身价的女人,而她的唯一想法就是照顾好这个家庭。日子就这样一天天地过去了。阿比夫人从未怀疑过她的臣民不仅仅是这位最伟大的艺术家,还有全英格兰最伟大的人,这才是最令人惬意的事实。她相信他,她也给予了他安宁。堪萨斯代表团也许会质疑当一个女人整日待在自己家里,做她的家务时,她的职业是否是完整的。但在我看来,旧式的美德是很难改进的。勤勉、真实、信任和不变的忠诚——对一个肩挑重任的男人而言,这将是多么重要的令人安心立业的支柱啊!

阿比一家是个大家庭——我不敢说有多少。我相信那已是在九年前,从那时起就在不断地增加。他们沿着灌木篱墙、在山毛榉下撒着欢奔跑。如果下起雨来,那儿总会有畜棚、狗舍和再合适不过的阁楼来避雨。

在屋舍后面,连着屋舍的地方,阿比先生建起了一个工作室,有四十英尺宽,七十五英尺长,二十英尺高[1]。它不仅仅是一个工作室——它是一个皇家工作室,就像米开朗基罗也许用于制作骑马塑像,或是为教皇绘制宫殿装饰草图的工作室那样。画架上摆着大大小小几十张画作。武器、盔甲、家具,到处都是,而在架子上摆着花瓶和旧瓷器,足够填满某个收藏家的胃口甚至让他因过于满足而反胃。箱子和衣柜里是天鹅绒、锦缎,还有古代衣料和服装,所有的东西都被打上了标签,编了号,还做了目录,以方便在需要时查找。

修建这个工作室主要是为了放置给波士顿公立图书馆创作的画作。这项委托受任于1890年,在1901年最后一

---

[1] 40英尺约12.2米,75英尺约22.9米,20英尺约6.1米。

件装饰品被放置到位。阿比的画作在波士顿公立图书馆装点了超过一千平方英尺的空间,形成了美国壁面装饰最为高雅的样本。

约翰·辛格·萨金特❶和皮维·德·夏凡纳❷同时接到了委托,当时阿比的合同已经到期。夏凡纳是第一个竖起他的脚手架,又是第一个将它拆除的人。他在两年前去世,所以很难从他做事干净利落的长处中学习经验了。萨金特的《先知》覆盖了几乎不到十分之一的指定给他的空间,剩下来的地方几乎就是白墙,耐心地等待他的画笔。最近,他被问到什么时候可以完成这个任务,他回答道:"永远不会,除非我学会画得比现在好了——阿比让我有挫败感!"

➡ 约翰·辛格·萨金特肖像

我不需要费力去描述阿比在波士顿图书馆的作品——在你拿起的第一本杂志里就会有对它的大幅的详细叙述。但是意味深长的是,阿比自己并不对此感到满意。"给我一点时间,"他说,"我会做出更有价值的东西。"

这些话是半开玩笑地说的。但是毫无疑问的是,艺术家现在正处于精力充沛、身体健康、爱情甜蜜、生活幸福之时。在他眼前的是具有如此巨大的价值的作品,而它们背后隐藏的却是为即将诞生的作品而做的准备。

不时会有人问:"是什么成就了毕业生代表和毕业日诗人?"我可以提供问题中的这两类人的信息:我的班上那位毕业生代表现在是一位在西格尔-库珀尔公司工作的

---

❶ 约翰·辛格·萨金特(John Singer Sargent,1856-1925),美国画家,当时肖像画家的领军人物。
❷ 皮维·德·夏凡纳(Pierre Puvis de Chavannes,1824-1898),法国画家,国立美术学院院长和成立者之一,他的作品对许多画家影响深远。

尽职尽责的店面巡视员；而我就是那个毕业日诗人。我们俩都把眼光放在了自己的目标上。我们站在门槛上，向外看着世界，为前进做好准备，最终却又因为自己的享乐而止步不前。

我们的眼光紧盯着"目标（Goal）"——也许更准确地说是"墓地（Gaol）"。

让我们的目光紧盯目标是一件很荒谬的事。它让我们目光短浅，让我们的心思不在工作上。

考虑目标就是不断地在你的脑子里一次又一次地游来荡去，纠结于自己究竟走了多远的距离。我们的脑力实在有限——用如此之少的智力本钱来做生意，以至于要穿得破破烂烂的来追寻远大的前程，结果便是在西格尔-库珀尔公司里无望地搁浅。

西格尔-库珀尔公司也还不错，但是关键在于——它不是目标！

漠不关心的猛烈一击是完成伟大工作的准则中的必列条目。

没有人知道目标是什么——我们在密不外泄的命令下行驶。做你今天的工作，尽力做好，一次性通过审核。这样做的人确实保存着他那神赐的能量，不让它像纤细的蛛丝那般露出来，以免命运将它吹走。

做好你今天的工作就是为更好的明天做的最有保障的准备——过去已经消逝，未来遥不可及，只有现在鲜活可触。每一天的工作都是为第二天做准备的。

活在当下——日子在眼下，时间就是现在。

埃德温·奥斯汀·阿比看上去是男人的完美典范，他做好自己全部的份内的工作，不带任何好高骛远的野心，将他自己正确地放在发展的进程中。他始终在努力成为更好、更强大、更高尚的人。那就是唯一值得祈祷的事情——处在发展过程之中。

12

WHISTLER

惠斯勒

> 艺术就这样开始——没有一间陋室能幸免，没有一个亲王能依赖，最智慧的人也不能让它光芒四射，微小的努力通常让它以古怪喜剧和粗鄙闹剧为结束。
>
> ——"十点钟"讲稿❶

万物的永恒悖论在这样一个事实中显露出来：为平静、美与和谐而辛劳工作的人，常常是在混乱中度日的，在某些例子中，他们甚至以罪人之名死去。至于有多么不协调是上帝在成功人生的准则中所要求的，没有人知道，但是它必须发挥作用，因为它永远都存在。

远望而观，超出唇枪舌战的杀伤力范围的文学混战是可笑的。《格列佛游记》使许多人产生心头之痛，但它不过是我们的心头之喜。蒲柏的《愚人记》❷让整个英格兰文化界不禁脊柱发凉，但我们读它却是因为它的韵律和自己的失眠。拜伦的《英国诗人和苏格兰评论家》❸对批评

➤ 戴帽子的惠斯勒

---

❶ 惠斯勒的"十点钟"讲座。他于1885年在伦敦、剑桥、牛津演讲，载于《树敌的优雅艺术》1892年版第135页至第159页。

❷ 亚历山大·蒲柏（Alexander Pope, 1688–1744），十八世纪著名的英国诗人，以其讽刺诗和他对荷马的译作最为著名。他也以英雄偶句诗著称。《愚人记》(The Dunciad)，是亚历山大·蒲柏创作的一部文学里程碑式的讽刺作品。诗作赞美了沉闷女神（Goddess Dulness）和她所选择的代理人，为英国带来衰退、愚钝和无鉴赏力的过程。

❸ 拜伦（George Gordon Byron, 1788–1824），英国诗人，浪漫主义的领军人物。长诗《英国诗人和苏格兰评论家》（English Bards and Scotch Reviewers），是为反击《爱丁堡评论》对他的第二部诗集《闲暇的时刻》(1807) 的抨击而作，于1809年匿名发表。

家的评论予以回击。这引起了他们极大的惊讶和愤怒，还为我们带来了消遣和娱乐。有人说济慈[1]死于一支笔的猛刺，而这是否是真的呢？我们知道现在一套粗纺厚呢的衣服就足以抵御这样的攻击了。"我们爱他，是因为他所造就的敌人。"——拥有朋友是一笔巨大财富，但是获得敌手却是一种殊荣。

罗斯金的《现代画家》是对试图将透纳淹没在雪片般的谩骂之下的无礼欺凌所做出的回应。但因为是对手将争论挑起，这反而成就了罗斯金和透纳两人的美名和声誉，他们为什么不干脆去天堂抓几个小混混来换取一顿仙馔呢？

惠斯勒的《树敌的优雅艺术》可说是一位神枪手，狙击了那个勇于上前营救透纳的人。随后他通过采用敌方的策略来证明自己的通情达理，还用文字臭弹击退了印象主义的寄宿者。

没有一个朋友能像罗斯金为透纳辩护那样帮助惠斯勒。在罗斯金向他扔出墨水瓶之前，就像马丁·路德向魔鬼所做的那样，他还只是芸芸众生之一。在那场较量之后，他就成了茕茕孑立的人。

当我们提起惠斯勒时，如果侧耳倾听，我们就可以听到反诉的呼喊声在回响，盖过了起床的晨号——短论对短论的回应，隔着误会的茫茫之海，辱骂从四面八方涌来，偏激的恶言恶语的主旋律再次出现。这一切构成了极具戏剧性的红色交响曲。

约翰·戴维森曾经在献给他的对手的一本书上，如此题写：

"非情之友，勿吝汝之憎：助我以嘲讽，强我以仇恨。"

---

[1] 济慈（John Keats，1795-1821），英国浪漫主义诗人。

如同前面所暗示的，贬斥具有更高天赋的人的普遍倾向可能说明，轻蔑在其中起到某种补偿的作用。也许是管理者不让事情发展得过快——反对的力量确保了平衡。但是几乎所有的事情都能做过头。而事实上，如果没有鼓励和忠诚，再强壮的心也会变得虚弱无力并怀疑自身。它听到群起的叫骂声，便会黯然自忖："如果他们是对的呢？"随之而来的就是对赞美的言语、亲切地握手、令人恢复信心的眼神的渴望。

偶尔会有愚钝之人对互赞协会有着一种旧式的、可敬的崇拜，还对此发表过略泛酸气的评价。我所坚信的是，没有一个人能独自成就一桩伟业——他必须有某些靠山。它也许是一个非常小的协会——真的，我所知道的协会中，有的小到只有两名成员，但那儿有着相互信任和忠诚，最终形成了得以取得丰功伟绩的环境。

即便是耶稣基督在加利利也不能有所作为，就是因为人民的不信任。威廉·莫里斯曾说过："友谊是天堂，没有友谊便是地狱。"而他二者滋味皆知。

一定要有某个人相信你。而通过和这个人的指尖相触，便能心灵相通。自力更生是极好的，但至于独立性，就完全没有这回事了。我们是伟大的宇宙众生中的一部分。如果一个人想要赢得他自己的认可，他就必须得到别人的肯定。从少数被拣选者那儿获得这一认可后，其他众人的观点便不重要了。

对于还未绽放就已枯萎的心愿，对于因缺少在正确的时间说出的正确字眼而毁灭的希望，我们所知少之又少！在果园之外，如我所写，我看到上千朵鲜花。由于没有授粉，它们将永远结不出果实——正是因为孤独，它们才会枯萎死去。

只有当那个人被赞许激发出力量之后，思想才会化为行动。每一件美好的事物因为爱而获得生命。

➢ 惠斯勒自画像

伟人永远都是成群出现的，而互赞协会总是占据着重要的地位。要举出实例来，可能会因为陈腐和老套而让诸位生厌。我不想剥夺读者的权利——请你自己来想想例子，以康科德和剑桥为开始，回溯诸世纪。

这里有两位惠斯勒。一个倾向于女性化，如孩童般敏感——渴望爱情、友情和欣赏，是个爱做梦的梦想家，他在高飞的梦想之翼上观看景象、升入天堂。这是真实的惠斯勒。而这里永远都有个小型的互赞协会，欣赏、赞扬、热爱惠斯勒，对于他们而言，他永远是那个"吉米"❶。

另一个惠斯勒是个有绅士风度的矮个子男人，戴着直宽边的高礼帽——像那顶约翰·朗❷戴了二十年的帽子的表亲。这个穿着长长的黑色外套、拿着竹制手杖的人；这个调整着他的单片眼镜，冷不丁扔出一句妙语的人；这个挫败的批评家，为难律师们，冒犯来自科罗拉多州的百万富翁❸的人；这个像玩掷硬币游戏那般漫不经心地随性耍弄文字的人，就是为报界所知的惠斯勒。格拉布街❹的人也称他为"吉米"，但是格拉布街的声音却很刺耳，毫无温柔之感——这种声调泄露的不仅仅是一两个字，而是说"我已经将带刺的言语处理为讨人喜欢的措辞了"。格拉布街看到他独自出行，便马上拿着短刀跟随其后。用贾吉·盖纳的话来说："这位风雅

---

❶ 吉米（Jimmy）是詹姆斯（James）的昵称，"詹姆斯"是惠斯勒的名，他的全名是詹姆斯·阿尔伯特·麦克尼尔·惠斯勒（James Abbott McNeill Whistler）。
❷ 约翰·朗（John Davis Long，1838-1915），美国政治人物。
❸ 科罗拉多州（Colorado），美国西部的州，因1859年在境内的派克斯峰发现金矿而掀起了淘金潮。
❹ 格拉布街（Grub Street），英国伦敦的一条旧街，过去为穷苦潦倒的文人的聚居地。

的杰奎斯保护了这位伟人，抚慰了第一部分的那群人的心灵。"

这就是了——他的名字是杰奎斯：惠斯勒是个小丑。而小丑是朝廷上最聪明的人。莎士比亚是一个深深喜爱小丑的人，小丑属于他的同类，他让最智慧的话语从穿着小丑装的人口中说出。当他用帽子和腰带装扮一个人时，他就像是给这个人的人性和智力都带上了镣铐。

不论莎士比亚还是其他优秀作品的作者，当描写一个内心充满了虚伪和背叛的傻瓜时，他们从不敢贸然离开真实。小丑并不恶毒。愚蠢的人们也许会认为他心怀恶意，因为他的语言常给人当头一棒。其实，他们自己才是一群连孵卵器和茄子❶都分不清楚的人。

试金石❷以不变的忠实，带上妙语和俏皮话跟随他的主人一起被流放。当所有的人，甚至连女儿们都将李尔王❸抛弃的时候，是小丑在暴风雨中脱下外衣，将自己的斗篷披在颤抖的老人身上。在我们这个时代，当我们遇见特林鸠罗❹、考斯塔德❺、莫枯修❻和杰奎斯❼的化身时，我们发现他们是有着温柔敏感的气质的人，也有着宽宏大量的心和慷慨的灵魂。

惠斯勒摇晃着他的帽子，挥动他的小丑棒❽，傲慢地

---

❶ 孵卵器（incubator）和茄子（eggplant），一个从用途上，一个从字形上，都与蛋（egg）有关系。因此作者说愚蠢的人无法将两种事物区分开。

❷ 试金石（Touchstone），莎士比亚《皆大欢喜》（As You Like It）中小丑的名字。罗瑟琳被西莉娅的父亲弗莱德里克放逐后，带着西莉娅和试金石一起出走。

❸ 李尔王（King Lear），莎士比亚四大悲剧之一《李尔王》的主人公。

❹ 特林鸠罗（Trinculo），莎士比亚《暴风雨》（The Tempest）中的角色名。

❺ 考斯塔德（Costard），莎士比亚《爱的徒劳》中的角色名。

❻ 莫枯修（Mercutio），莎士比亚《罗密欧与朱丽叶》中的角色名。

❼ 杰奎斯（Jacques），莎士比亚《皆大欢喜》中的人物名，流亡公爵的从臣，为人不羁，言语幽默。

❽ 小丑棒（bauble），也译为"笨伯杖"，此处指惠斯勒拿的手杖。

扬着他的头，言出无心却又话带讥讽，提出的谜题让卖弄学问之人永远回答不出。因此墨水瓶在艾森纳赫的墙上曾留下了印记，也在科尼斯顿的墙上留下了印记。

每一个有价值的人都是两个人——有的时候是许多。事实上，乔治·文森特医生，一位心理学家，曾说过："我们从不以完全相同的方式治疗不同的病人。"如果确实如此，我怀疑，和我们在一起的这个人支配着我们的思考过程，由此控制着我们的行为方式——是他引出了他想要见的人。我们天性的某些方面仅仅对某人展现。而且我也可以理解，为何会有这样一个至圣所，除了对某一个人之外❶，对任何人都大门紧闭、藩篱高筑。当这个某人没有出现时，我依然可以理解这个人怎么能在这样的情况下度过他的一生：其父亲、母亲、兄弟、姐妹、朋友和伴侣从未猜测过他封存起来的潜在优点。我们保卫并守护这个至圣所，让它不受世俗之眼的侵犯。

有两种方式来守卫并维持神圣之火：其一是逃进修道院或山里，孤身一人，和上帝同在；其二是混入人群，按照世俗习惯穿上整套锁子甲。

那些心里几乎满是悲伤的女人们常常是快乐之人中最快乐的；男人是那些灵魂被小心地侵蚀的、被巨大到难以言表的悲伤压垮的人——他们常常是让满座哄堂大笑的人。

佯装的样子继续发展成为一种装腔作势。装腔作势意味着地位，而这种姿态通常处于防御的位置。所有伟大的人都是装模作样的人。

人摆架子来回绝庸人，而他们就能做自己的工作了。没有装模作样，诗人幻想中的花园就会看上去和1896年

➢ 威廉·麦金利刻瓷肖像

---

❶ 犹太教的至圣所（the Holy of Holies）只允许主教在犹太人的赎罪日进入。

秋天在坎顿❶的麦金利❷的前院一样。也就是说，没有装腔作势，诗人就不会有花园。没有幻想，就什么都没有了——也就没有了诗人。然而我十分乐于承认，虽然没什么可以保护的，人也许仍能呈现出一种姿态。但是我坚决地主张，这样的姿态之所以对于每一个人来说都是显而易见的，有如支撑稻草人的两根杆子，仅仅是因为姿态永远不能成为日常习惯。

而由于伟人，装腔作势成为了一种习惯——那时它就已经不是一种装腔作势了。当一个人撒谎，并且承认他在撒谎时，他便说了实话。

惠斯勒被称作当时最喜欢装腔作势的人。然而他却是最真挚、最诚实的人——正是虚伪和虚假的对立面。不会有人的恨比仇恨虚假更甚。

惠斯勒是一位艺术家，这个人的灵魂展现在他的作品中——不是在他的帽子上，也不是在他的竹节手杖上，不是在他长长的黑色外套上，更不是在他用来掩饰思想的塔里兰❸式的言语上。艺术是他的妻子、他的孩子和他的信仰。艺术曾经对他说："汝不可在吾面前有他神。"而他服从了这一训令。

藏于卢森堡博物馆❹的他的母亲的画像是全部收藏中最重要的藏品——如此优雅、如此端庄、如此感人、如此

---

❶ 坎顿（Canton），美国俄亥俄州东北部城市。
❷ 威廉·麦金利（William McKinley），美国第二十五任总统，于 1897 年至 1901 年间任职。
❸ 塔里兰（Charles Maurice de Talleyrand-Périgord，1754–1838），法国外交家，他从路易十六政权开始工作，经历过法国大革命，然后为拿破仑一世、路易十八、查理十世、路易–菲利普服务，他被广泛认为是欧洲历史上最万能的、最有影响力的外交家。他的名言之一是："人们使用语言并不是为了揭示思想，而是为了掩饰它。"
❹ 卢森堡博物馆（Musée du Luxembourg），法国巴黎的一座博物馆，位于卢森堡宫殿（Palais du Luxembourg）附近，曾收藏十九世纪绘画和雕塑作品，其中大多数已转给法国奥赛博物馆收藏。

→ 500 美元上的麦金利肖像

充满了温情。今日最有能力的批评家将它和早期绘画大师的最伟大的作品归为一类。我们从法国艺术品官方名册上发现了这条有着惠斯勒的名字的献词:"作者母亲的肖像,一件将为后世无尽赞美的杰作。它的色调表现和庄严高贵中结合了伦勃朗、提香和委拉斯贵兹的作品的特性。"这件作品不会挑战你——你必须将之搜寻,你必须带入一些什么东西,否则它不会显露自身。从这位夫人的脸面和身形上看不出衰老的痕迹,但是不知怎的你从这幅画作中能读出一个伟大而温柔的有关爱和长达一生的不懈地努力的故事。现在夜幕降临了,将要消失在幽暗中。年迈的母亲独自坐在这儿,平静而又安详:丈夫去了,孩子们走了❶——她的工作结束了。暮色来临。她怀着感恩之心回忆过去,带着渴望之情展望未来而毫无惧怕。这是任何一个出身优越的儿子都想献给母亲的礼物。是母亲让他存在,是母亲养育了他,是母亲用爱的双臂保护了他,是母亲用坚定的信念和欣赏鼓励了他,成就了他。她是他最明察善断的批评家,他最好的朋友——他的母亲!

艺术家惠斯勒的父亲,乔治·华盛顿·惠斯勒少校,是西点军校的毕业生,美国陆军工兵部队的一员。他是一个

---

❶ 这幅画创作于 1871 年。画家惠斯勒(James McNeill Whistler, 1834–1903)的父亲乔治·华盛顿·惠斯勒 1849 年身染霍乱去世,母亲安娜·麦克尼尔·惠斯勒(Anna McNeill Whistler)所生的四个孩子中有两个在举家迁往俄罗斯之前夭折。

活跃的、务实的、有贡献的人——一个技巧娴熟的制图员和数学家,而且是一个担当重要职务的人,他总能承担艰巨任务并将之圆满完成。

军队内外,永远需要这种人。责任感总是倾向能担当起责任的人。像惠斯勒少校这样的人并不受限于某一个职位——他们能去任何一个需要他们的地方。

当乔治·华盛顿·惠斯勒还是西点军校的学生时,有一次斯威夫特医生和他年轻漂亮的女儿玛丽来此地参观。玛丽完全被军事学校征服了。至少,照他们的说法,她俘获了那儿所有年轻人的心。事实上,的确有个年轻人成了她的俘虏。因为没过多久,惠斯勒上校便与斯威夫特小姐喜结连理。

他们生下了黛博拉,少校唯一的女儿,她后来嫁给了伦敦的西摩·海登医生,一位著名的外科医生,更以铜版蚀刻制作闻名;然后是乔治,他成了一名工程师和铁路管理人员;两年之后,约瑟夫诞生了。

当乔❶两岁时,年仅二十三岁的美丽妻子便撒手人寰,留下年轻的惠斯勒少校和他的三个幼子。

在西点军校,惠斯勒有个朋友名叫麦克尼尔,他是北卡罗来纳州威明顿市的丹尼尔·麦克尼尔医生的儿子——他们是同学。自从毕业以后他们就一直保持着密切联系。麦克尼尔有个姐妹,安娜·玛蒂尔达,她有着伟大的灵魂,端庄而又坚强。最终惠斯勒带着他那群丧母的孩子——包括他自己,来到了她的身边,而她也接受了他们全部。我得向这位继母鞠躬致敬,她深爱这些已经长大的男孩女孩们,他们也曾经被另一位母亲这样深爱着。她一定有一颗被爱延展了的伟大的心灵才能做到这些。自然而然地,母

---

❶ 乔(Joe)是约瑟夫(Joseph)的昵称。

爱随着孩子们的长大在增长——那就是孩子们为何而存在的原因，就是为了扩展父母的灵魂。但是在女性成年之初，安娜·玛蒂尔达·麦克尼尔就已经如此伟大了，她用自己的心和双臂拥抱着她所爱的男人的孩子们，视他们如己出。

1834年，惠斯勒上校和他的妻子定居在马萨诸塞州的洛厄尔。在那里少校监管那些令人惊叹的水利工程的第一期工程。那些水路能带动十万个纺锤不知疲倦地转动。

命运应是如此，在洛厄尔的沃辛街上的一座小房子里，惠斯勒少校和他的妻子安娜·玛蒂尔达五个儿子中的头胎诞生了。他们为这个孩子取名为詹姆斯·阿尔伯特·麦克尼尔·惠斯勒——一个对于小婴儿而言过分冗长的名字。

他的父亲辞去了在美国陆军的职位，接受了俄罗斯沙皇授予的一个类似的职位❶。俄罗斯建造的第一条铁路，从莫斯科到圣彼得堡，是在惠斯勒少校的监督下修建的。他还为亚当·扎德设计了各类桥梁、高架桥、隧道以及其他工程。亚当·扎德走路像个大人物，他为惠斯勒的服务慷慨地支付了大笔薪水。

美国人不仅为皇室补牙，还为东半球的人提供了机器、思想和人力。他们每提供给我们两万五千人，我们便送回给他们一个。而我们送出的那一个比他们送给我们的两万五千人更有价值。斯克内克塔迪❷现在提供引擎装备以及工程师来教导修筑横贯大陆的西伯利亚铁路的工程师们。当你乘坐从伦敦开往爱丁堡的"苏格兰飞人"号的卧铺车，车厢里有全部配件设施，甚至有古尔德耦合器、西屋电器公司的气闸，还有一个来自北卡罗来纳州的忧郁的

---

❶ 在1842年。
❷ 斯克内克塔迪（Schenectady），美国纽约州东部城市。

小伙子,他会用一把掸帚拍打你三次,并期望得到一美元作为报酬。你会感觉就像在自己家里一样。

然后当你看到伦敦的大都会铁路就是由一个芝加哥人管理的,所有的"地下列车"都装有爱迪生白炽灯;而且你还注意到,一个纽约人已经谋得了跨大西洋的轮船航线,你就会同意威廉·斯特德所说的:"美国也许是荒蛮之地,但是她养育出了一群人。他们有能力,他们敢想敢做。"英国人还写了一本著名的书《世界的美国化》,此书里有萧伯纳❶的一段艺术批评。萧伯纳来自一个不会付租金的民族。说来也奇怪,他住在伦敦,十分满足,也没有政治抱负。他说道:"当代最伟大的三位画家都来自美国——阿比、萨金特和惠斯勒。而他们之中,惠斯勒对当代艺术界的影响比同时代的其他任何人所产生的影响都更为深远。"

➢《白色交响曲》(惠斯勒)

但是让我们回来,看看在俄罗斯的惠斯勒一家。小吉米从未有过童年:最接近童年的一次是某个夏天他随父母和"建筑工队"在野外露营。在马群中,和工作人员、工人一起住在野外的那个夏天——在营火边用餐,睡在天空下,是这个男孩对天堂的一瞥。"我当时的雄心壮志就是当建筑工队的工头——就是这样。"艺术家向他的朋友这样描述那段短暂而幸福的时光。

家庭富裕却无家可归的孩子,他们住在旅店和寄宿宿舍,这对他们的身心发育极为不利。孩子们不过是小动物,而旅行让他们痛苦并饱受折磨。他们应该在大地上,

---

❶ 萧伯纳(Bernard Shaw, 1856–1950),爱尔兰剧作家。

➡《泰晤士河》(惠斯勒)

在树叶、鲜花和茂盛的草地中,爬爬树或者挖挖沙坑。旅店的门厅、吧台上的菜肴以及旅途的颠簸,一切都可怕地违背了自然的天性。

然而这个男孩活下来了——热情、神经质、精力充沛。理所当然的,他学会了俄语,然后他还学习说法语,如同所有优秀的俄罗斯人必学的那样。"他法语说得像一个俄国人。"这已经是一个巴黎人能给出的最高的评价了。

男孩的母亲是他的导师、朋友和玩伴。他们一起读书,一起画画,一起弹钢琴——四手联弹。

这位努力工作的工程师被授予了荣誉——勋章、绶带、奖牌和金钱,还有更多的工作。这个可怜的人努力工作,直到生命的最后一刻。沙皇在这个人生前及死后都授予了他皇室所能授予的全部荣誉。当这个家庭带着他们深爱的人的遗体离开圣彼得堡时,沙皇下令把他的私人四轮马车给他们使用。荣誉在这里等待着死者。在康涅狄格州的斯通宁顿❶墓地上,一座由美国工程师协会出资修建的

---

❶ 斯通宁顿(Stonington),美国康涅狄格州东北部城镇。

纪念碑矗立起来，标示着这是他的长眠之处。遭受沉重打击的母亲回到美国。詹姆斯正式入学西点军校。母亲的理想就是她的丈夫——在他的生命中，她曾经生活并感动过——詹姆斯应该做他的父亲曾做过的事情，成为像他父亲那样的男子汉。这便是她最大的心愿。

男孩已经是一名合格的制图员了，在罗伯特·威尔教授的指导下，他取得了很大进步。西点军校并不教像绘画这类软弱的、女子气的东西——他们画堡垒和防御工事的图纸，绘制地图，估量隧道、浮桥和地雷的有利位置。罗伯特·威尔讲授所有这些内容。詹姆斯在周六画画，自娱自乐。在华盛顿的美国国会大厦的圆形大厅里那幅标题为《朝圣者的启程》的大油画，体现出了他的作品的特性。

按照惯例，年轻的惠斯勒要协助他的老师完成这项工作。

威尔成功地让他的学生打心底地厌恶这种将冷面无情的战争当作事业的行为。他痛恨遵照命令来做事，特别是接受命令去杀人。惠斯勒说："军人的职业不过是从刽子手那儿转移过来的。他们置人于死地，然后用是别人要求他们去这样做的借口来安慰自己的良心。"如果他留在西点军校，他就会成为一名军官。他就是山姆大叔或沙皇的人，按他们的命令做事。

威尔断言惠斯勒是个荒谬之人，但兵站外科军医说他过于紧张了，需要换个环境。事实上，西点军校不喜欢吉米，就像吉米讨厌西点军校一样——他被建议退伍。母亲和儿子坐船去了伦敦，打算下个学期再按时回来。

年轻人从西点军校带走了一件伴随他一生的纪念品。在一场军事演习任务中，他的马摔倒了，后面的骑兵队伍的马从他身上越过。当被扶起来带出混战时，惠斯勒已经神志不清了。医生们说他的头盖骨有断裂，尽管如此，他的手术缝合处很快愈合了。但是不久后，一缕白发从受伤的地方长出来，永远地成了一处明显的标记，还成了讽刺漫画家的乐事。母亲和儿子在切尔西❶寻找住所。毫无疑问那儿的文学传统吸引着他们。就在几个街区之外住着罗塞蒂❷，他收藏了数量相当可观的青花瓷，他还教人画画。每周他的住处都有聚会，伯恩·琼斯❸、威廉·莫里斯、马多克斯·布朗❹，还有许多其他的杰出人物都会来。沿着附近一条窄小的街道向下走，住着一个名叫卡莱尔❺的性情乖戾的苏格兰人。后来惠斯勒还画过他的肖像。尽管卡莱尔不喜欢罗塞蒂，但是惠斯勒太太和她的男孩喜欢他们两个。如果这个年轻人想从西点军校毕业，那么回美国的日子就要到了。但是他们决定去巴黎，这样惠斯勒就可以学习几个月的艺术了。

他们再也没有回美国。

弄臣❻惠斯勒，将罗斯金告上了法庭，要求一千英镑的赔偿来弥补他受到创伤的心灵。因为这位《威尼斯之石》的作者不能辨别色彩，缺乏想象力，还在他拥有的一本小杂志上，尖锐地讲述男人、女人以及他尤为不欣赏的事情。

案子结了，陪审团判惠斯勒胜诉，还判给他一法新❼的赔偿。这就是胜利——它让罗斯金承担了损失。让世界注意到，评论事物的荒谬言论最终不过是个人趣味的问题。

---

❶ 切尔西（Chelsea），英国伦敦自治城市，为文艺界人士聚居地。
❷ 但丁·加百利·罗塞蒂（Dante Gabriel Rossetti，1828-1882），英国画家、诗人、插图画家和翻译家，拉斐尔前派创始人之一。曾为马多克斯·布朗的学生。
❸ 伯恩·琼斯（Burne Jones，1833-1898），生于伯明翰，英国画家和设计师，是第二代拉菲尔前派的领导人物。
❹ 福特·马多克斯·布朗（Ford Madox Brown，1821-1893），英国画家和设计师，参与拉斐尔前派的活动，但未成为该运动的一员。
❺ 卡莱尔（Thomas Carlyle，1795-1881），苏格兰讽刺作家、散文家、历史学家。
❻ 罗斯金曾用"弄臣（the coxcomb）"一词来称呼惠斯勒，令后者大动肝火。
❼ 法新（farthing），1961年以前的英国铜币，等于四分之一便士。

惠斯勒曾经应一个艺术家同伴的邀请，评论那个人在闲来无事时即兴创作的一幅奇妙的色彩混合物。吉米调了调他的单片眼镜，盯着它看了很长时间。"你认为它怎么样？"站在一旁的画家问道。"哦，只要再来一点绿色，一点点绿色，"他顿了顿，轻轻地咳了一声，"但这是你的私事。"

惠斯勒画《夜曲》，那是他的私事。如果罗斯金认为那幅画并不美丽，那也是他的私事。但是当罗斯金再走近一步，指责画家试图为了几个几尼而蒙骗世界时，他就已经超出了评论的合理的范围，他受到公众谴责也是应得的。尽管如此，严格说来，惠斯勒对罗斯金为了人性的改善所作的努力的善行的视而不见，也许和罗斯金对惠斯勒画作的杰出的视而不见是一样的。如果罗斯金真有起诉之心，他也许早就起诉了惠斯勒，得到一个先令的赔偿了。因为惠斯勒曾经坚称："圣乔治协会❶是一个折磨不幸的人的组织，应该让警察来取缔他们。天晓得没有得到资助的穷人受着怎样的煎熬！"

惠斯勒先生曾作为某个案子里的证人被传唤，这件案子里的购画者拒绝支付买画的费用。讯问的对话如下：

"您是一位画家？"

"是的。"

"您可知道画作的价值？"

"哦，不知道！"

➥《玫瑰与银：产瓷国的公主》（惠斯勒）

---

❶ 圣乔治协会（The Society of Saint George），慈善组织名。

"至少您对价值有自己的看法?"

"当然!"

"而您建议这位被告以两百英镑的价格购买这幅画?"

"的确如此。"

"惠斯勒先生,据通报您因为这个建议得到了一笔可观的费用,可有此事?"

"哦,没有的事情,我向您保证",他打着哈欠,"——没有这回事,我只不过提了个粗鄙的建议。"

评论家追查出惠斯勒数年前曾在马德里呆了一年时间,临摹委拉斯贵兹的作品。他们从中发现了很多乐趣。他和萨金特一样,从西班牙人的卓越艺术中汲取养分并获得了灵感,这一点是毫无疑问的。但是没有一点能表明他是委拉斯贵兹的模仿者——除了粗鄙的建议。

这是拿委拉斯贵兹和惠斯勒作比较。令人安心的是他的名字会和那位伟大的西班牙人的名字共存。这使得惠斯勒提出了那个小小的问题,现在看来极为经典:"为什么要把委拉斯贵兹拉进来呢?"

惠斯勒给世界上的宝贵一课就是去观察;而这一点他是从日本人那儿学到的。拉夫卡迪奥·赫恩❶曾经说过,普通的日本居民能察觉出用西方人的眼睛绝对看不出来的晕色和阴影。利文斯顿❷在非洲发现了一些部落,那儿的人们从来没有见过任何种类的绘画。他很难让他们认出一英尺见方❸的纸片上人的画像——真的是照着人的样子来画的。

"人大,纸小,不好!"这就是部落首领做出的评论。

---

❶ 拉夫卡迪奥·赫恩(Patrick Lafcadio Hearn,1850-1904),在获得日本国籍后更名为小泉八云(Koizumi Yakumo),作家,以其创作的关于日本的书以及收藏日本民间传说和鬼怪故事而闻名。

❷ 利文斯顿(David Livingstone,1813-1873),英国探险家、传教士。

❸ 约等于 0.09 平方米。

首领想要听到画上的人说话，这样他才相信那就是人。毋庸置疑，这位野蛮部落的首领在他自己的权力范围内是个大人物，但是他缺乏将真实的人和用铅笔画在小纸片上的线条联结起来的想象力。

日本人——任何一个日本人，都会倾心于惠斯勒的《夜曲》。罗斯金不会。他从未见过夜晚，因此他宣称惠斯勒"向公众脸上扔了一罐颜料"。

当仅仅由感觉提供证据时，人会对有些事情做出武断的评定，这不过是证明这个人的局限性的另外一种方式。我们生活在一个狭小的世界，在这里我们的感官造成并宣称在我们所见、所听、所嗅和所尝的事物之外，什么都不存在。环绕地球一周是二万五千英里[1]——外太空是无法计算的，人一天只能走三十英里。在地面上，他能跳起约四英尺高。在城市里，他单凭自己的耳朵能听到两百英尺开外他的朋友在呼唤他。至于嗅觉，他确实几乎要失去这一感官；味觉，通过刺激物和调味品的使用，也差不多快要失去了。人类能够看到并认出四分之一英里之外的另一个人，但是在同样的距离下几乎等同于色盲。

然而我们依然十分乐意为自己设置标准，直到科学带来了分光镜、电话机、显微镜和伦琴射线，来强迫我们接受一个事实，那就是我们是渺小的、不发达的、微不足道的生物，有着相当不可靠并且完全不适于做最后决定的感官。

惠斯勒比其他任何人看到的更多。他教我们去观察，他还教艺术世界学会选择。

雄辩并不在于将所有事情说清楚——你选择你希望被人理解的真相。在文学方面，为了表明你的重点，你必须

---

[1] 25000 英里约 40233.6 千米，30 英里约 48.3 千米，4 英尺约 1.22 米，200 英尺约 61 米，0.25 英里约 0.4 千米。

→《在钢琴旁》(惠斯勒)

将事情说出来；而在绘画中你必须将之忽略。选择就是至关重要的事情。

日本人看见一枝孤零零的百合花茎在寒风中摇摆，沐浴在朦胧、亮灰色的空气中——只有这两种事物。他们给我们看这些，使我们感到惊讶和欣喜。

惠斯勒给我们展现的夜晚——不是黑色的、墨水般的、无意义的虚空，这些都代表着魔鬼；不是黑暗，不是仅仅缺少光线，不是当先知说"这儿不应有夜晚"时在他脑中的景象——不是这些。先知认为夜晚是令人反感的，但是我们知道太阳持续不断地照明，会迅速毁灭所有的动物或植物。事实上，没有夜晚就不会有动物或植物，也不会有先知提议为了改善生活而消除的夜晚。在夜里，花朵散发出它们最美妙的香气，愉快地抬起它们的头。自然中的一切都在为即将到来的一天的工作恢复精力。我们需要夜晚来休息，来做梦，来忘却。惠斯勒领会了夜晚——这个伟大的、通透的、深蓝色的羊圈，在生命二分之一的时间里温柔地围着我们。疲惫不堪和满腹苦恼终于得到了安宁——白天结束了，令人感激的夜晚就在这里。

透纳说过，你不可能画一幅没有人物的画。惠斯勒几乎从来没有将人物落下，不过我相信有这样一幅《夜曲》，其中只有点点繁星和守护着银月的淡淡光辉。但是通常我们看见的都是若隐若现的拱桥、幽灵般的塔尖、消失在重重迷雾中的灯光、河面上模模糊糊的紫色驳船，还有阴沉地在海平面上摇晃的航船——这一切都奇怪地被安宁以及休憩、美梦和睡眠的微妙想法变柔和了。

批评家都厌恶地将他们的矛头指向惠斯勒，而他已经收集了最古怪的批评，并将它们展览出来，以《蚀刻和干点》为题。这里展示了他最著名的五十一幅画作，在每一个条目下都有一到两条"推荐语"，由认为这件东西是垃圾并如此描述它的知名人士写成。

如果你想要看这份目录的副本，你可以在几乎任何一家大型公立图书馆的"珍本室"中查阅；或者如果你想要自己拥有一份，需要资金的收藏家也许愿意以很低的价格，例如二十五美元左右，出手自己的那份副本。那么你的机会就来了。

惠斯勒的书《树敌的优雅艺术》，仅包含一点点精华，标题中也已显示出一丝精神，那就是："正如在许多情况下所提及的，《树敌的优雅艺术》中某些严肃的例子，尽管被过分的公正感所克制，但仍然被一点点地激怒了，并相当多地被激发出不得体和言行失检的话。"

因此题词写道："献给稀有的极少数人，他们在年少之时就已断绝了和大多数人的友谊，这些感伤的篇章记录在此。"

书中的一篇上乘之作是"十点钟"讲稿。它是一篇经典之作，揭示出一种鲜明的文学风格，使得读者十分肯定它的作者在文字上形成了和谐一致，就像颜色一样，是经过他选择了的。不管怎样，这篇讲稿是一个回应，它带着内心的温度一跃而出，如果不是作者"尽管被过分的公正感所克制，但仍然被一点点地激怒了，并相当多地被激发出不得体和言行失检的话"，就不会写下它。让我们都来感谢那些激怒他的敌人吧。呈现整篇讲稿是个巨大的诱惑，但是这样做会引发某场官司，因此我们应该对看到从原文中摘出来的些许片段而感到心满意足：

> 听着！从来没有过艺术时期。
> 从来不会有热爱艺术的国家。
> 起初，人类每天劳碌——有的人讨伐征战，有的人追捕猎物；其他人日复一日地在田地里开垦耕耘。他们也许因有所收获而活下来，或者劳无所获地死去。直到在他们之中出现这样一个人。他不同于众人，不为其他人的职业所吸引。因此他和女人们一起待在帐篷边，用烧焦的葫芦茎描画奇怪的图案。
> 这个人，对他同胞的生活方式毫无兴趣——他不在乎征战的胜利，也不在乎耕种的劳苦。这位精巧图案的设计者、这位美的策划者，他从自然里感受他那古怪的曲线，例如在火中看到的面孔——这个与众不同的梦想家就是第一位艺术家。
> 而当从田地和遥远的地方回来时，人们拿起那个葫芦，将它盛着的水一饮而尽。
> 不久，另一个喜爱自然的、由神灵选择的人来到这个人身边——后来，还有其他人。于是他们一起工作。很快，他们用湿泥做出了类似葫芦的形状。凭着艺术家的天赋——创造力，不久他们便超越了大自然的零散启发，让有着优美的比例的第一个花瓶诞生了。

> 业余爱好者还默默无闻，而一知半解者还意

想不到。

历史继续书写，征服伴随着文明。艺术发展了，它的产物被胜利者从一个国家带到另一个国家。而文化的习俗覆盖着每一寸土地，于是所有的民族继续使用仅有艺术家才能创造出来的东西。

数个世纪过去了，它们依然被使用着。世界充溢着美，直到一个新阶级的兴起。是他们发现了廉价品，预见了赝品制作将带来的财富。

接下来便涌现了大量滥俗、粗陋和廉价之物。

商人的品味代替了艺术家的技巧，而那些属于老百姓的趣味回到了他们身上，魅惑着他们——因为它跟随他们自己的心。伟大之人和渺小之人、政治家和奴隶，都不再那般厌恶它，而是更喜欢它——从此以后便接受了它。

艺术家的职业便消失了，大厂商和小商贩取代了他们的位置。

这一次，人们关于此事有如此多的话要说——所有人都得到了满足。伯明翰和曼彻斯特以它们的力量崛起了❶，而艺术被驱逐到了古董商店。

➡《白衣女子》（惠斯勒）

---

❶ 伯明翰和曼彻斯特是英国工业革命时期凭借自身在物资和地理条件上的优势而兴起的城市。

自然在颜色和形式方面包含着所有画作的元素，就像键盘包含了所有音乐的音符一般。

艺术家天生就是去捡拾、选择并用技巧组合某些元素的人，结果也许会是美丽的——就像音乐家收集他的音符，形成他的和弦，直至从混沌中生产出辉煌的和声。

对于画家来说，自然被看做是她本身；对于演奏者而言，他的眼里只有钢琴。

大自然总是对的这种说法，从艺术的角度来说是武断之言，就像大自然的存在被普遍认为是理所当然的一样不真实。大自然极少正确，甚至到了通常是错的这种程度。也就是说，它能够带给一幅画以和谐的完美而使其身价百倍的情况，极为罕见。

阳光耀目，风从东来，卷云而去。除此以外，一切都是铁灰色的。站在伦敦，可以从各个角度看到水晶宫的窗户。度假者享受着灿烂的一天，而画家把头转向一边，闭上了双眼。

能领会这一点的人是如此之少，而人们又是多么忠诚地相信大自然在任何时候都是崇高的——也许可以从人们每天对愚蠢的日落发出的无休无止的赞赏推断出来。

覆盖着雪的山顶的庄严消失在清晰中，但是游客的乐趣就在于看清山顶。为看而看的渴望，就像在众人之中成为那唯一的一个的欣慰与愉悦。因此快乐在于细节。

夜晚的薄雾用诗意笼罩着河边，就像戴着面

纱的女人。可怜的建筑物在模糊的天空里迷失了自己；高耸的烟囱变成钟楼；而仓库就是夜晚里的宫殿；整个城市都悬挂在天空中，仙境就在我们面前——那时旅人在赶路回家；工人和学者、哲人和寻欢作乐之人，停止了领会这样的风景。当他们不再去看时，曾一度合着调子唱歌的自然，只对着一个人唱着优美的歌，那就是艺术家——她的儿子和她的主人。之所以说是她的儿子，那是因为他深爱着她；而之所以说他是她的主人，那是因为他理解她。

➢《母亲》（惠斯勒）

对他来说，她的神秘是毫无掩饰的；于他而言，她的教导变得逐渐清晰。他不是拿着放大镜看鲜花——不然他可以直接向植物学家学习，而是领会她挑选的明亮的色调和微妙的晕染，以及无尽和谐的暗示中的奥妙。

他并没有像推崇细枝末节的人所提倡的那样，将自己限制在对每一片草叶的边缘漫无目的、不加思考的复制中，而是在纤细叶片长长的卷曲中，用直线、高茎来修饰。他懂得优雅是如何固着于高贵，力量是如何强化了甜美，从而产生出永恒的美。

在灰白色蝴蝶带着小巧的橙色圆点的柠檬黄翅翼中，他似乎看到眼前有一座金色的庄严的大厅。厅里有着细长的藏红花色的柱子，墙壁的高处还画着精致的图画。应该用怎样柔和的雌黄色调来描画轮廓呢？在底部要用哪种深沉的色调来重复描画呢？

总而言之，他为自己的创作寻找到的提示便

是精巧和可爱，因此大自然永远是他灵感的源泉，随时为他服务，对他从不拒绝。

事物经过他的大脑，就如穿过最后一道净化器，蒸馏出了始于神灵的思想的至纯精华，神灵将之留给他来实现。

他被他们分离出来以完成他们的作品。他创作出了惊人的杰作，它以其完美超越了大自然所创造的一切。而神灵站在一边，啧啧称奇，感觉到米洛斯的维纳斯比他们的夏娃更为美丽。

现在在他们之中，浅尝辄止者悄悄地四散开去。业余爱好者减少了。唯美主义者的声音只能在地面上听到——大灾难就在我们的头顶上。

有艺术家的地方，就会出现艺术——充满爱并硕果累累。永不会有希望迟迟不实现、或被侮辱、或为粗鄙下流之人误解之时。当他逝去，她就悲伤地飞走——尽管依然盘旋在大地上，带着温柔的眷恋，但却拒绝被安慰。

她和这个人，而不是和大多数人，结成亲密之友。在她的生命之书里，极少有人镌刻下自己的名字——曾经帮助她书写她的爱与美的故事的人，他们的名单的确太短。

阳光灿烂的早晨，伴着她光辉的希腊式的温和。当她从重复线条的秘密中升起时，他和她手握着手，一起凿刻云石。可爱的手臂和挂毯带着有节奏的韵律一起飘动，直到她将西班牙的画笔浸在光和空气里的那一天，直到他的人民在他们的画框上生动再现的那一天。那时，所有的高贵、怜爱、亲切和宏伟，都应该是他们的。岁月流逝，只有少数人能成为她的选择。

因此我们感觉到了快乐！扔掉了所有的忧虑，觉得一切都是好的——正如曾经那样，决定那并非是我们应为之哭泣的，也不用马上采取措施。

我们已经忍受了够多的黯淡！当然，我们厌倦于哭泣，眼泪已经错误地欺骗了我们。它们让我们悲伤！当没有悲伤时，一切都是美好的！我们接下来要做的就是等待。直到他带着神灵在他身上做的标记，选择再次降临在我们之中。谁应该继续之前的事业呢？令人欣慰的是，即便他永远不会出现，美的故事也已经完结——我们看到了帕台农神殿的大理石雕刻，富士山脚下的葛饰北斋以鸟类为饰的折扇❶。

---

❶ 指古希腊艺术和日本艺术。

图书在版编目(CIP)数据

12位伟大的艺术家/(美)哈伯德(Hubbard,E.)著;殷俊洁,徐多依译.
—北京:中央编译出版社,2010.12
(大人物)
ISBN 978-7-5117-0642-3

Ⅰ.①1…
Ⅱ.①哈… ②殷… ③徐…
Ⅲ.①艺术家-生平事迹-世界
Ⅳ.①K815.7

中国版本图书馆 CIP 数据核字(2010)第 222843 号

大人物:12位伟大的艺术家

出 版 人	和 龑
责任编辑	张维军　刘文利
责任印制	尹 珺
出版发行	中央编译出版社
地　　址	北京西单西斜街 36 号(100032)
电　　话	(010)66509360(总编室)　(010)66509317(编辑室)
	(010)66161011(团购部)　(010)66130345(网络销售)
	(010)66509364(发行部)　(010)66509618(读者服务部)
网　　址	www.cctpbook.com
经　　销	全国新华书店
印　　刷	北京瑞哲印刷厂
开　　本	710 毫米 × 1000 毫米　1/16
字　　数	220 千字
印　　张	18
版　　次	2010 年 12 月第 1 版第 1 次印刷
定　　价	30.00 元

本社常年法律顾问:北京大成律师事务所首席顾问律师　鲁哈达
凡有印装质量问题,本社负责调换。电话:(010)66509618